청소년 공동체 바로 세우기

## [추천사]

현재 이 시대에 가장 시급한 과제가 있다면 다음 세대(next generation)에게 하나님의 말씀을 심는 일입니다. 무엇보다 성경에 기초한 기독교 교리를 청소년 시기에 심는 일은 매우 중요한 과제입니다. 누구나 알고 있는 이 분명한 방향 앞에 말씀을 체계적으로 그리고 쉽고 재미있게 심어주는 일은 결코 쉽지 않습니다.
그런 의미에서 성경을 바탕으로 기독교 교리를 쉽게 가르칠 수 있도록 계발한 이 책은 매우 유용할 것으로 확신합니다.
또한 현장에서 섬기는 청소년 사역자들의 생생한 가르침이 녹아들어 청소년들을 세워나가는 일에 큰 도움이 될 것입니다. 지금 바로 사역의 현장에서 활용할 수 있는 이 책을 모든 청소년 사역자들과 교회학교 중고등부 교사들에게 기꺼이 추천합니다.

– 황성건 목사 (사/청소년선교횃불 대표, 제자로교회 담임, 국제코스타 강사)

## [저자서문]

몇년전 수능이 끝난 그 다음 주에 고3 아이들 상당수가 예배에 나오질 않았습니다.
저는 아이들이 공부에 따른 후유증과 피곤이 겹쳐서 그런가보다 생각했는데, 나중에 알고보니 그 주에 친구가 다니는 교회에 다들 몰려 갔다는 사실을 알게 되었습니다.
이들이 친구 교회로 간 이유가 가관이었습니다. 친구교회에서 고3 수험생을 위한 행사가 있었는데 그 교회 예배에 참석만 하면 VIPS 시식권을 준다고 했다는 겁니다. 그리고 고3 아이들은 소리소문 없이 저희교회를 떠났습니다.
그 일이 있은 후 저는 많은 생각을 하게 되었습니다. 교회가 이래서 되겠는가?
그때 목회자로 아픈 기억을 더듬으면서 앞으로는 내 교회를 사랑하고 내 교회에 대한 소속감을 갖고 신앙생활을 하는 학생들로 철저히 교육해야겠다는 생각을 하게 되었습니다. 그래서 이 교재는 특별히 청소년들을 내 교회 아이들로 세운다는 분명한 목적의식을 가지고 집필하였습니다.
이 교재가 지향하는 것은 지식교육이 아닙니다. 하나님을 향한 믿음과 사상으로 무장시키는 교육입니다. 절대로 논리적이고 과학적이며 합리적인 판단을 요구하는 가르침이 아닙니다. 습관을 위한 교육이며 '왜?', '어떻게?'에 대한 답을 제시하려 나름대로 몸부림친 결과입니다. '왜 예수를 믿어야 하는가?', '예수 믿는 자로 어떻게 살아야하는가?'에 대한 답을 찾는 과정입니다.

**G3** 시스템은 제 목회의 종합적인 커리큘럼이기도 합니다.
**G3** 는 (The Great God's Grace)의 약자로 "위대한 하나님의 은혜"라는 뜻인데 모든 배움의 모토가 오직 하나님의 은혜 안에 있음을 고백합니다.
이 교재는 Teen G3 성경 신약2(사도시대)로 G3 0단계 1~4권과 G3 1, 2단계(복음+전도)와 3, 4단계(양육+리더)를 마친 이후 사용하시는 교재입니다.
하지만 교회 형편에 따라 성경을 가르치는데 촛점을 맞추고자 하신다면 이 교재를 먼저 선택해도 좋습니다.

이 땅의 모든 청소년들이 주님 품으로~ 저자 기쁨의 교회 정신일 목사

반드시 필요한 내용만을 선별하여 집필하였지만 신약1[복음시대] 내용 분량이 많을수 있습니다. 분량이 많다 생각하시면 꼭 한주에 1과를 목표로 하지 마시고, 15~20주로 나누어 배움의 시간을 늘려서 사용하셔도 좋습니다. 배우는 양보다 소화력이 중요합니다.

반드시 이 교재의 교사용 지침서를 꼭 몇 번 정독하시기 바랍니다.
이 교재 Teen G3 성경 배우기 시리즈로 총 4권으로 구성되어있습니다. 1권은 구약 1과정으로 [천지창조~사사시대]까지 중요 사건과 내용을 중심으로 구약흐름을 이해하는데 초점을 두고 기획하였습니다. 2권은 [이스라엘의 통일왕국과 분열왕국] 시기를 다루게 됩니다. 3권은 사복음서를 중심으로 [사도시대]의 사건을 다룰 것입니다. 4권은 예수님께서 승천하신 이후 사도들의 전도로 교회가 세워지고 복음이 전파되는 [사도시대]를 다룰 것입니다. 이 교재는 성경의 흐름을 연대기적인 이해를 하는데 그 목적을 두고 집필하였습니다. 가르치는데 힘쓰시는 교사 선생님들이 다 되시기 바랍니다.

[이 교재의 특징]
**첫째, 구약과 신약의 역사적 흐름을 이해하는데 촛점을 맞추어 집필하였습니다.**
**둘째, 성경의 중요 핵심 내용들을 배우고 이해하는데 촛점을 두고 기획하였습니다.**
성경의 흐름을 파악하고 그 사건들속에 나타난 하나님의 계획과 뜻을 이해하는데 촛점을 두었습니다.
**셋째, 모든 내용은 말씀의 근거로 기획되었습니다.**
이 교재는 반드시 성경말씀을 근거로 하였고, 그 말씀의 구절을 기록하였습니다.
**넷째, 생각하고 토론하고 실천하는데 집중하였습니다.** 성경은 늘 우리에게 실천의 문제를 던져주고 있다. 충분히 생각하고 묵상하고 이해 해야 합니다. 또한 자연스러운 토론과 실천의 과정을 갖게하여 생활 속의 믿음으로 성장시키는데 초점을 맞추었습다.

1년차신앙입문 Teen G3 0단계 1~4권 [총 4권, 48주 1년 과정]
기초과정
1권 **믿음생활 시작하기 Start!** (믿음의 기초 이해하기)
2권 **복음의 기초 다지기 Start!** (죄와 구원)
3권 **믿음의 습관 길들이기 Start!** (다양한 관계 속에서 믿음생활)
4권 **성경인물 따라하기 Start!** (믿음생활을 배우고 삶 속에 적용하는 과정)

2년차 상반기과정 Teen G3 1, 2단계 [복음+전도]
리더과정
1권 **전도는 부끄러운 일이 아니야 Start!**
Teen G3 3, 4단계 [양육+리더]
2권 **나는 내 교회 리더가 될거야 Start!**

2년차 하반기과정 Teen G3 성경 · 구약1 [천지창조~사사시대]
성경공부 Teen G3 성경 · 구약2 [통일왕조~분열왕조]

3년차 상반기과정 Teen G3 성경 · 신약1 [복음시대]
성경공부 Teen G3 성경 · 신약2 [사도시대]

# 교재의 구성과 사용법

## 제목, 공과목표

매 과에 제목과 공과목표를 볼 수 있도록 기록하였다.

## 마음열기

매 과의 주제와 그에 맞는 삽화가 수록되어 있다. 삽화의 내용은 세 명의 주인공이 성경의 스토리를 좇아 탐험하며 그 과에 맞는 성경내용이나 상황을 설명하거나 보여준다. 하단에는 질문을 통해 서로의 생각을 나누어 볼 수 있도록 하였다.

## 말씀살피기

매 과마다 주제 말씀이 기록되어 있고 말씀을 근거로 질문에 답을 하도록 구성하였다. 문제에 대한 답을 기록하지만, 정답을 맞추는 것이 중요한 게 아니라 그 문제가 의도한 바를 잘 이해하는 것이 중요하다. 성경이 말하는 생각의 틀을 바꾸는 것이 중요한 것이다.

## [알고 넘어가기]

[말씀살피기]가 성경의 시대순 흐름에 맞춰 중요한 부분을 배우고 넘어가는 코너라면 [알고 넘어가기] 그 시대순의 흐름가운데 추가적이고 심화적인 내용을 확인하도록 구성하였다.

## 나누고 실천하기

한 과를 마무리하면서 이야기를 나누고 실천해야 할 사항들을 확인하고 서로 토론하는 부분이다.

## 한줄 정리하기~^^

매과마다 한줄로 그과의 중요한 내용을 기록해놓았다. [나의소감]을 통해 이과를 배운 소감과 다짐을 적어보게 한다.

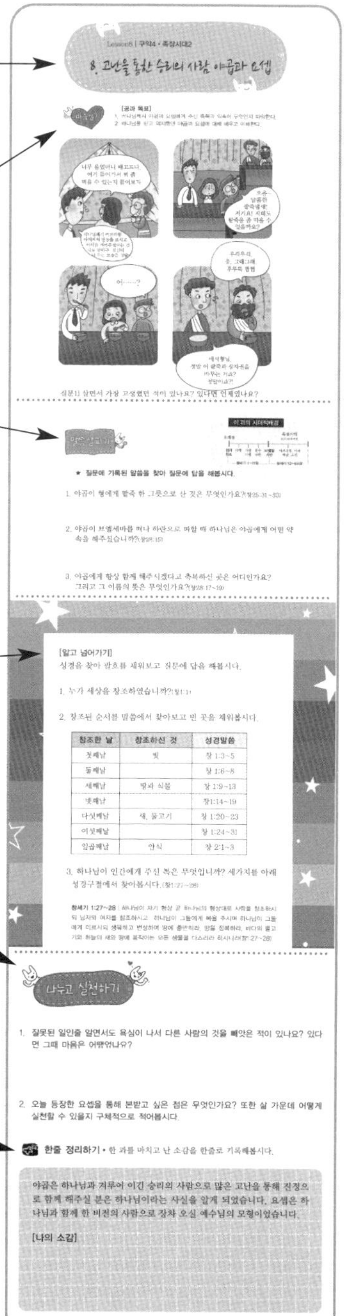

Lesson8 | 구약4 · 족장시대2

8. 고난을 통한 승리의 사람 야곱과 요셉

[공과 목표]

질문1] 살면서 가장 고생했던 적이 있나요? 있다면 언제였나요?

★ 질문에 기록된 말씀을 찾아 질문에 답을 해봅시다.

1. 야곱이 형에게 팥죽 한 그릇으로 산 것은 무엇인가요?(창25:31~33)

2. 야곱이 브엘세바를 떠나 하란으로 피할 때 하나님은 야곱에게 어떤 약속을 해주셨습니까?(창28:15)

3. 야곱에게 항상 함께 해주시겠다고 축복하신 곳은 어디인가요? 그리고 그 이름의 뜻은 무엇인가요?(창28:17~19)

[알고 넘어가기]

성경을 찾아 괄호를 채워보고 질문에 답을 해봅시다.

1. 누가 세상을 창조하였습니까?(창1:1)

2. 창조된 순서를 말씀에서 찾아보고 빈 곳을 채워봅시다.

| 창조한 날 | 창조하신 것 | 성경말씀 |
|---|---|---|
| 첫째날 | 빛 | 창 1:3~5 |
| 둘째날 | | 창 1:6~8 |
| 셋째날 | 땅과 식물 | 창 1:9~13 |
| 넷째날 | | 창1:14~19 |
| 다섯째날 | 새, 물고기 | 창 1:20~23 |
| 여섯째날 | | 창 1:24~31 |
| 일곱째날 | 안식 | 창 2:1~3 |

3. 하나님이 인간에게 주신 복은 무엇입니까? 세가지를 아래 성경구절에서 찾아봅시다.(창1:27~28)

**창세기 1:27~28** | 하나님이 자기 형상 곧 하나님의 형상대로 사람을 창조하시되 남자와 여자를 창조하시고 하나님이 그들에게 복을 주시며 하나님이 그들에게 이르시되 생육하고 번성하여 땅에 충만하라, 땅을 정복하라, 바다의 물고기와 하늘의 새와 땅에 움직이는 모든 생물을 다스리라 하시니라(창1:27~28)

나누고 실천하기

1. 잘못된 일인줄 알면서도 욕심이 나서 다른 사람의 것을 빼앗은 적이 있나요? 있다면 그때 마음은 어땠었나요?

2. 오늘 등장한 요셉을 통해 본받고 싶은 점은 무엇인가요? 또한 삶 가운데 어떻게 실천할 수 있을지 구체적으로 적어봅시다.

**한줄 정리하기** • 한 과를 마치고 난 소감을 한줄로 기록해봅시다.

야곱은 하나님과 겨루어 이긴 승리의 사람으로 많은 고난을 통해 진정으로 함께 해주실 분은 하나님이라는 사실을 알게 되었습니다. 요셉은 하나님과 함께 한 비전의 사람으로 장차 오실 예수님의 모형이었습니다.

[나의 소감]

# Contents

## 자, 이제~ 성경 이야기 세계로 떠나자!

학생들의 웃음소리로 가득한 수요일. 각 교실에서는 수업을 듣고 있는 학생들로 가득하다. 그러던 어느 날,
수학여행을 떠나게 된 OO 고등학교 학생들은 아침 일찍 학교 운동장으로 모이고 있고 다른 친구들과 다름없이 수학여행을 가기 위해 집을 나선 김진리, 유정확, 남건 이 세 아이들은 특별한 경험을 하게 된다. 선생님의 심부름으로 학교 뒤 소각장에 가게 된 아이들 앞에 갑자기 희미한 빛이 비치는 숲이 나타났다.

그 빛이 비추이는 숲을 바라보니 '구약의 숲'이라고 쓰여져 있는 글자가 저들 눈에 선명히 보였다. 호기심에 그 빛을 따라 들어간 아이들 앞에는 지금껏 상상하지 못한 광경이 눈앞에 펼쳐지게 되는데…….

[등장인물 설명]

김진리(17세 고1 여학생)

예쁘장한 얼굴에 선한 눈매의 꿈 많은 소녀. 무엇보다 하나님을 사랑하고 신실한 믿음을 가진 18살 소녀. 성경에 대해 궁금한 점도 많고 가끔은 성경이 펼쳐지고 있는 시대로 뛰어 들어가 여러 인물들을 만나고 싶다는 생각을 하기도 하는 조금은 엉뚱하기도 한 소녀이기도 하다.

유정확(17세 고1 남학생)

학교에서 성적도 좋고 늘 상위권을 놓치지 않는 수재이지만 신앙에 있어서는 눈으로 보고 확인해야 믿는 의심이 많은 철부지 소년. 어렸을 적부터 부모님을 따라 교회에 나가긴 했지만 성경은 온통 믿어지지 않는 것들이라고 말하며 자신의 이성과 지식을 의지해 하나님을 믿으려고 한다.

남건(17세 고1 남학생)

OO 고등학교의 알아주는 불량학생. 건들건들하고 단정하지 못한 아이. 수업시간엔 늘 잠자기 바쁘고 선생님 몰래 친구들과 놀러 다니는 건 삶의 일부가 되어 있다. 엄마와 함께 교회는 나가지만 그곳에서도 별반 다를 게 없는 문제아.
가끔은 엄마 몰래 교회에 가지 않고 친구들과 노래방, 게임방을 전전한다.

천사

주인공들의 구약과 신약의 숲으로 여행을 인도해주고 도와주는 천사.

Lesson 1 | 예수님의 지상명령

# 1. 내 증인이 되리라

[공과목표]
1. 예수님께서 제자들과 우리에게 주신 사명이 무엇인지 가르친다.
2. 신약 성경 중에 바울 서신에 대해 알게 한다.

## 마음열기

[질문] 사명이라는 단어를 들으면 어떤 생각이 드나요?

**설명** | 사명이라는 말은 '섬기다'라는 뜻에서 유래한 말이라고 합니다. 나에게 주어진 임무라고 볼 수 있겠지요. 근데 사명이라는 말은 우리가 평소에 쉽게 쓰는 말이 아니어서 왠지 무겁게 느껴지는 것 같습니다. 이외에도 우리 친구들이 '사명'이라는 말을 어떻게 이해하고 있는지에 따라 느끼고 생각하는 것들은 모두 다르겠지요.

예수님께서는 하늘로 올라가시기 전, 제자들에게 사명을 주셨는데 그것은 바로 복음전파의 사명입니다. 오늘 말씀을 통해 구체적으로 예수님께서 제자들에게 하신 말씀은 무엇이고 제자들은 후에 어떠한 삶을 살았는지 알아보면서 우리의 사명은 무엇인지 찾아보는 시간이 되길 바랍니다.

## 말씀 살피기

주제 말씀을 깊이 묵상하고 아래 질문에 답을 해봅시다.

### 주제 말씀 | 행 1:1-8

1데오빌로여 내가 먼저 쓴 글에는 무릇 예수께서 행하시며 가르치시기를 시작하심부터 2그가 택하신
사도들에게 성령으로 명하시고 승천하신 날까지의 일을 기록하였노라 3그가 고난 받으신 후에 또한
그들에게 확실한 많은 증거로 친히 살아 계심을 나타내사 사십 일 동안 그들에게 보이시며 하나님 나
라의 일을 말씀하시니라 4사도와 함께 모이사 그들에게 분부하여 이르시되 예루살렘을 떠나지 말고
내게서 들은 바 아버지께서 약속하신 것을 기다리라 5요한은 물로 세례를 베풀었으나 너희는 몇 날
이 못되어 성령으로 세례를 받으리라 하셨느니라 6그들이 모였을 때에 예수께 여쭈어 이르되 주께서
이스라엘 나라를 회복하심이 이 때니이까 하니 7이르시되 때와 시기는 아버지께서 자기의 권한에 두
셨으니 너희가 알 바 아니요 8오직 성령이 너희에게 임하시면 너희가 권능을 받고 예루살렘과 온 유
대와 사마리아와 땅 끝까지 이르러 내 증인이 되리라 하시니라

1. 예수님께서는 제자들에게 어떤 사명을 주셨습니까? 본문을 잘 읽어보고, 빈칸에 답을 기록해 봅시다.

예수님은 행하시며 가르치실 때부터 사도들에게 (성령)으로 명하셨고, 부활하신 이후에도 (40)일 동안 제자들에게 보이시며 가르치셨습니다. 그리고, (예루살렘)을 떠나지 말고 약속한 성령을 기다리라 말씀하셨습니다.

2. 초대교회 때 복음이 전파된 지역의 순서는 어떻게 됩니까? (8절)

예루살렘 → [ 온 유대 ] → 사마리아 → [ 땅끝 ]

정답) 예루살렘-온 유대-사마리아-땅끝

[어떻게 가르칠까?]

예수님께서는 공생애 3년 동안 많은 제자들이 있었지만, 특별히 12명의 제자들을 세우시고 가르치셨습니다. 승천 이후에는 사도들에게 성령을 기름붓듯 부으시며 교회를 세우고, 복음을 증거하는 사자의 삶을 살게 하셨습니다.
예수님의 명령에 따라 복음을 전하고, 교회를 세우는 과정 속에서 많은 핍박과 고난이 있었고, 순교가 있었습니다. 이번 문제에서는 예수님께서 제자들에게 어떤 사명을 주셨는지 잘 설명해주시길 바랍니다.

**티칭 포인트1** | 사도행전의 기록자와 수신자

기록자는 누가이며, 수신자는 데오빌로입니다.
의사 누가에 대하여서는 누가가 바울과 선교여행에 동참했다는 사실과 골로새서 4장 14절에 '사랑받는 의사 누가'라는 기록 말고는 별로 없습니다.
하지만 그가 기록한 사도행전에 보면 누가는 바울이 2차 전도여행 중에 있을 때 바울을 만나 빌립보에서 함께 전도하였고, 다시 바울과 함께 예루살렘으로 갔으며(21:17), 그 뒤 바울과 함께 복음을 전했다는 사실을(27:1~28:16) 알 수 있습니다. 그림자처럼 바울을 좇았던 인물이 누가입니다.
또 한 가지, 사도행전을 소설로 본다면 1편, 2편으로 나뉘어지는 책 가운데 2편에 속한다고 볼 수 있습니다. 1편은 누가복음입니다. 누가복음에 예수님의 지상 사역과 부활 승천까지의 기록이 되어 있다면 사도행전은 부활 이후 사도들에 의해 복음이 전파되는 과정이 기록되어 있습니다.
또한 알아야 할 것은 사도행전의 수신자입니다.  수신자는 바로 누가복음과 동일한 데오빌로라는 사람입니다. '데오빌로'라는 이름의 뜻은 '하나님의 친구', '하나님의 사랑하시는 자' 라는 뜻을 가지고 있습니다. 그러나 그가 누구인지 정확한 자료는 없습니다. 누가복음에 '각하'라는 표현을 쓴 것으로 봐서 고급 관리인 것은 분명합니다.
이 각하라는 표현의 헬라어 원문은 '크라티스토스'라고 하는데 거의 왕족에게 쓰이는 표현입니다. '지존하신', '숭고하신', '가장 위엄 있으신' 이란 뜻입니다.

그렇다면 데오빌로는 누구일까요? 많은 학자들이 기독교로 개종한 로마의 고위 관리로 보기도 합니다(눅 1:3;행 1:1). 또 다른 주장은 데오빌로가 황제를 숭배하지 않고 기독교로 개종했다는 이유 때문에 그의 아내는 유배형에 처해지고, 자신은 사형당한 도미티아누스 황제의 사촌으로 보는 경우도 있고, 집정관인 플라비우스 클레멘스(Flavius Clemens)로 보는 견해도 있습니다. 하지만 또 다른 주장에 의하면 하나님의 사랑하시는 자라는 데오빌로의 이름의 뜻처럼 특정한 사람이 아니라 믿음의 사람 전체를 지칭하여 기록한 글이라고 주장하기도 합니다.

## 티칭 포인트2 | 제자들에게 주신 사명

사도행전의 복음 전파의 기록은 '복음을 모르는 자를 향한 강한 열심과 거세게 반대하는 세력과의 힘겨운 싸움의 과정이다.' 라고 정의하고 싶습니다.
성경에 예수님은 '택한 사도들에게 성령으로 명령하셨다'고 기록되어 있습니다. 그 명령은 근시안적으로는 예루살렘을 떠나지 말라, 아버지께서 약속하신 성령을 기다리라는 것이고(4절), 장기적으로는 복음의 증인이 되라는 것입니다.
8절에 "오직 성령이 너희에게 임하시면 너희가 권능을 받고 예루살렘과 온 유대와 사마리아와 땅끝까지 이르러 네 증인이 되리라"고 했습니다.
여기서 예루살렘과 온 유대와 사마리아와 땅끝은 초대교회에 복음이 전파되는 순서입니다. 실제로 사도행전에서 예루살렘의 복음 전파 내용은 1~7장까지, 온 유대, 사마리아는 8장~11장 18절까지, 그리고 땅끝은 11장 19~28장 31절까지입니다. 8절 말씀에 "증인이 되리라"라고 했는데 증인은 '마르티스'라는 단어로 법적인 용어이지만, 또 다른 의미로 '순교자'라는 뜻도 포함되어 있습니다.
이는 성령을 통해 권능을 받고 온 세상에 증인으로서의 사명을 감당하라는 의미입니다. 마태복음 28장 18~20절까지의 복음 전파의 사명, 즉 너희는 가서 모든 민족으로 제자를 삼아 아버지와 아들과 성령의 이름으로 세례를 베풀고 내가 너희에게 분부한 모든 것을 가르쳐 지키게 하라 하신 그 명령과 일맥상통하는 귀한 사명입니다.

## [알고 넘어가기] 바울서신 분석 1

### 1. 다음은 바울서신을 구분해 놓은 표입니다.
### 빈칸에 서신서 제목을 채워 기록해 봅시다.

1. 4대 서신 - 로(마서), 고린도전후서, 갈(라디아서)
   복음의 가장 중요한 메시지가 담긴 서신서입니다.
2. 옥중 서신 - 에베소서, 빌(립보서), 골로새서, 빌레몬서
   바울이 옥중에 기록한 서신서입니다.
3. 목회 서신 - (디모데)전서, 디모데후서, 디도서
   목회자와 동역자에게 목회에 대한 글을 기록한 서신서입니다.

**티칭 포인트 |** 바울 서신에 대하여

바울 서신은 바울이 각 교회 혹은 디모데나 빌레몬 같은 개인에게 보낸 편지글들의 묶음으로 구성되어 있습니다. 이 편지들은 당시 기독교의 기본 진리를 성경적으로 잘 설명하고 있고, 또한 각 교회 안의 문제, 이단들이나 거짓 교사의 문제들을 지적하며, 올바른 신앙생활을 어떻게 해야하는지가 기록되어 있습니다.

바울 서신은 학자들 사이에 이견이 있기는 하지만 대개 로마서에서 빌레몬서까지의 13편의 편지를 가리킵니다.

이중에 '로마서', '고린도전·후서', '갈라디아서'는 〈4대 서신〉으로 불리며, '에베소서', '빌립보서', '골로새서', '빌레몬서'는 옥중에서 기록한 서신으로 흔히〈옥중 서신〉이라 불리웁니다. 또한 '디모데전·후서', '디도서'는 〈목회 서신〉으로 구분됩니다.

그리고 9편의 편지(로마서, 고린도전·후서, 갈라디아서, 에베소서, 빌립보서, 골로새서, 데살로니가전·후서)는 각 교회에 보낸 편지이며, 4편의 편지(디모데전·후서, 디도서, 빌레몬서)는 개인들에 보낸 편지입니다.

바울의 서신서를 기록한 연대순으로 나열하면, ① 갈라디아서 ② 데살로니가전서 ③ 데살로니가후서 ④ 고린도전서 ⑤ 고린도후서 ⑥ 로마서 ⑦ 골로새서 ⑧ 빌레몬서 ⑨ 에베소서 ⑩ 빌립보서 ⑪ 디모데전서 ⑫ 디도서 ⑬ 디모데후서 순으로 기록되었습니다.

바울 서신은 크게 두 가지 목적으로 기록되었습니다.

첫째, 교회 지도자로서 목회를 위한 목적으로 기록되었습니다.

다시 말해 바울은 교회에 복음을 제대로 가르쳐 이단들의 그릇된 가르침으로부터 성도들을 보호하고, 교회를 계속해서 건강하게 하기 위해 기록했습니다.

둘째, 변증하려는 목적이 있었습니다. 교회 내·외부에서 복음의 내용을 변질시키고 사도로 부름 받은 바울을 비방하는 세력들에 대해 변증하기 위해 기록했습니다.

## [바울서신 도표]

*연도는 다소 차이 날 수 있습니다.

| | 책이름 | 저자 | 저작시기 | 저작장소 | 수신자 | 주제 |
|---|---|---|---|---|---|---|
| 1 | 갈라디아서 | 바울 | A.D 49년 1차 전도여행 직후 | 수리아 안디옥 | 비시디아 안디옥, 이고니온, 루스드라, 더베, 그리고 남 갈라디아 | 복음을 통한 자유 |
| 2 | 데살로니가 전서 | 바울 | A.D 50-51년, 2차 전도 여행중 | 고린도 | 데살로니가의 그리스도인들 | 예수님의 재림 |
| 3 | 데살로니가 후서 | 바울 | A.D 50-51년, 2차 전도 여행중 | 고린도 | 데살로니가의 그리스도인들 | 예수님의 재림 |
| 4 | 고린도전서 | 바울 | A.D 55년, 3차 전도 여행중 | 에베소 | 고린도의 그리스도인들 | 교회 문제점 |
| 5 | 고린도후서 | 바울 | A.D 55년, 3차 전도여행중 | 마케도니아 | 고린도의 그리스도인들 | 바울의 사역 변증 |
| 6 | 로마서 | 바울 | A.D 55년, 3차 전도여행중 | 마케도니아 | 로마에 있는 그리스도인들 | 복음과 구원에 관한 바울의 해석 |
| 7 | 빌레몬서 | 바울 | A.D 60년 | 로마 | 빌레몬과 그의 가족 및 골로새에 있는 그의 집의 교회 | 예수안에서 용서와 형제애 |
| 8 | 골로새서 | 바울 | A.D 60년 | 로마 | 골로새의 그리스도인들 | 온 우주위의 주인 되시는 그리스도 |
| 9 | 에베소서 | 바울 | A.D 60년 | 로마 | 에베소를 둘러산 지역의 그리스도인들 | 교회위에 주님되 시는 그리스도 |
| 10 | 빌립보서 | 바울 | A.D 61년 | 로마 | 빌립보의 그리스도인들 | 그리스도 안에 있는 기쁨 |
| 11 | 디모데전서 | 바울 | A.D 62년 | 마케도니아 | 에베소에 있는 디모데 | 교회의 목양적 돌봄 |
| 12 | 디도서 | 바울 | A.D 62년 | 니고볼리스 | 그레데에 있는 디도에게 | 교회가 지녀야할 특징들 |
| 13 | 디모데후서 | 바울 | A.D 66~67년 | 빌립보 | 에베소에 있는 디모데 | 시련을 잘견디고 인내할것 기록 |

## 나누고 실천하기

1. 오늘 배운 내용 중에서 어려운 단어의 의미를 찾아보고 정리해봅시다.

| | |
|---|---|
| 사명 | '섬기다'라는 뜻에서 유래한 말로 주어진 과업, 임무, 섬기는 일 |
| 서신 | 기쁘고 복된 소식에 대한 보상을 뜻하며 하나님 나라에 대한 기쁜 소식 혹은 예수님의 말씀과 행하신 일을 가리키는 단어로 쓰이게 되었다. |
| 변증 | 변론으로써 증명함 |

**가이드** | 오늘 배운 내용에 등장한 단어들 중에서 어렵거나 중요한 단어들의 뜻을 찾아보고 정리해보면 말씀의 내용을 정리하는데 더욱 도움이 될 것입니다. 핸드폰을 사용하여 인터넷으로 검색해보도록 하고 그것이 어려운 환경이라면 선생님께서 미리 준비하셔서 친구들과 함께 단어를 검색해보세요.

2. 그렇다면 예수님께서 오늘날 나에게 주신 사명은 무엇이라고 생각되나요?

**가이드** | 예수님께서는 제자들에게 복음전파의 사명을 주셨습니다. 그리고 제자들의 예수님의 말씀을 따라 복음을 전하는 삶을 살았지요. 그렇다면 오늘날을 살고 있는 우리에게 주신 사명은 무엇일까요? 제자들의 그것과 전혀 상관없는 것일까요? 그렇지 않습니다. 예수님께서는 우리에게도 예수님을 전하는 사명을 주셨습니다. 친구들이 어떠한 생각을 가지고 있는지 나눔의 시간을 가져보신 후에 우리의 사명이 무엇인지 말씀해주시길 바랍니다.

### 한줄 정리하기 · 한 과를 마치고 난 소감을 한줄로 기록해봅시다.

Lesson 2 | 초대교회 성령의 역사

# 2. 성령이 임하시다

[공과 목표]
1. 오순절 다락방에서 성령이 임한 사건의 과정과 역사에 대해 가르친다.
2. 초대 예루살렘 교회의 성도들의 신앙생활 모습을 이해시킨다.

## 마음열기

**[질문] 나는 교회 공동체 친구들과 어떻게 교제하고 있나요?**

**설명** | 주님 안에서 만난 친구들은 무엇과도 바꿀 수 없는 소중한 공동체입니다. 주님의 각 지체들이 모여 주님의 이름으로 공동체를 이루며 함께 말씀을 듣고 말씀으로 양육되며 믿음 안에서 자라난다면 세상 가운데에서 살아갈 때에도 서로를 격려하며 위로해줄 수 있는 믿음의 동역자가 될 것이라 생각합니다. 오늘 배울 초대교회 성도들의 모습처럼 말이지요.

우리 친구들은 교회 공동체 친구들과 어떻게 교제하고 있는지 물어봐주세요. 아이들에 따라 주일에만 만나고 있을 수도 있고 평소에도 서로 연락하며 긴밀히 교제하고 있을 수도 있겠습니다. 먼저는 우리 친구들이 말씀 안에서 하나가 되는 것이 중요하겠고 그후에 선생님께서 우리 친구들이 서로에게 친밀함을 느낄 수 있도록 기회와 시간을 제공해주심으로 친구들 사이에 깊은 유대감이 생기도록 도와주시면 좋겠습니다.

## 말씀 살피기

주제 말씀을 깊이 묵상하고 아래 질문에 답을 해봅시다.

### 주제 말씀 | 행 1:12-15

1오순절 날이 이미 이르매 그들이 다같이 한 곳에 모였더니 2홀연히 하늘로부터 급하고 강한 바람 같
은 소리가 있어 그들이 앉은 온 집에 가득하며 3마치 불의 혀처럼 갈라지는 것들이 그들에게 보여 각
사람 위에 하나씩 임하여 있더니 4그들이 다 성령의 충만함을 받고 성령이 말하게 하심을 따라 다른
언어들로 말하기를 시작하니라

**1. 예루살렘으로 돌아온 제자들이 다락방에 모여서 무엇을 했습니까? 또한 모인 무리들이 대략 몇 명쯤 되었습니까?** (행 2:1~4)

정답) 다락방에서 한 일 : 오직 기도에 힘썼다.
모인 사람의 숫자 : 약 120명(베드로, 요한 야고보, 안드레, 빌립, 도마, 바돌로매, 마태, 알패오의 아들 야고보, 셀롯인 시몬, 야고보의 아들 유다와 예수님의 어머니 마리아와 예수님의 아우들을 포함해서)

**2. 다락방에서 성령이 임했을 때 어떤 현상이 일어났습니까?** (2~4절)

정답) 급하고 강한 바람같은 소리, 불이 혀같이 갈라지는 것들이 보이고 각 사람 위에 임함, 성령충만함으로 서로 다른 언어로 말함

## 티칭 포인트 | 성령이 임한 다락방은 누구의 것인가?

많은 학자들은 이 다락방을 마가의 다락방으로 보고 있습니다.
마가의 다락방은 당시 믿는 자들의 아지트였을 것입니다. 예수님께서 십자가에 못박히시기 전에 그의 제자들과 함께 유월절 만찬을 드셨던 장소도 마가의 다락방으로 보고 있고, 예수님이 잡히시고 나서 제자들이 예루살렘 근처에 숨어있던 장소 또한 이 다락방일 것이라 주장합니다(눅 24:33-43;요 20:19-26).
이러한 주장들이 사실이라면 마가의 다락방은 예수님께서 제자들과 마지막 만찬을 했던 장소이고 또 부활의 주님이 나타나신 방이며 초대교회 성령이 불같이 일어났던 기적의 장소였던 것입니다.

## 티칭 포인트 | 오순절 성령의 역사하심

오순절은 이스라엘의 3대 절기인 유월절, 오순절, 장막절 중에 하나입니다.
칠칠절, 혹은 맥추절이라고도 불리기도 합니다. 이 오순절 다락방에 성령께서 강력히 임재했습니다. 2~4절에 "홀연히 하늘로부터 급하고 강한 바람 같은 소리가 있어 그들이 앉은 온 집에 가득하며 마치 불의 혀처럼 갈라지는 것들이 그들에게 보여 각 사람 위에 하나씩 임하여 있더니 그들이 다 성령의 충만함을 받고 성령이 말하게 하심을 따라 다른 언어들로 말하기를 시작하니라"고 했습니다.
이런 현상들은 말 그대로 우리의 감각기관을 통해 느껴지는 성령님의 임재의 증거들입니다.
누가복음 4장 1절에 보면 '예수님께서 성령의 충만함을 입고 사단에게 시험받으러 가셨다' 라고 기록하고 있듯 예수님도 늘 성령충만하셨습니다.
그래서 복음 전파도 성령이 임하고, 권능을 받는 것(행 1:8)이 먼저입니다.
사도들이 갖은 핍박과 시련 속에서 복음을 전할 수 있었던 것도 성령의 이끄심이 있어서 였습니다(행 13:52).
돌에 맞아 순교당했던 스데반도 성령의 충만함을 입었다고 기록하고 있습니다.

이런 성령 임재의 현상은 곧 성령충만함의 상태를 의미합니다.

사도 요한은 이런 성령충만한 상태를 성령의 기름 부으심으로 기록하고 있습니다. 요한 1서 2장 27~28절에 “너희는 주께 받은 바 기름 부음이 너희 안에 거하나니 아무도 너희를 가르칠 필요가 없고 오직 그의 기름 부음이 모든 것을 너희에게 가르치며 또 참되고 거짓이 없으니 너희를 가르치신 그대로 주 안에 거하라”고 했습니다.
사도행전 10장 38절에도 “하나님이 나사렛 예수에게 성령과 능력을 기름 붓듯 하셨으매 그가 두루 다니시며 선한 일을 행하시고 마귀에게 눌린 모든 사람을 고치셨으니 이는 하나님이 함께 하셨음이라”고 했습니다.

이런 성령의 역사하심으로 사도들은 큰 권능을 받게 되었고, 나가서 복음을 전할 때 큰 성령의 능력이 나타났고, 힘을 내어 복음을 증거할 수 있었습니다.

[알고 넘어가기] 초대교회의 모습

주제 말씀을 깊이 묵상하고 아래 질문에 답을 해봅시다.

**주제 말씀 |** 행 2:43~47

43사람마다 두려워하는데 사도들로 말미암아 기사와 표적이 많이 나타나니 44믿는 사람이 다 함께 있
어 모든 물건을 서로 통용하고 45또 재산과 소유를 팔아 각 사람의 필요를 따라 나눠 주며 46날마다 마
음을 같이하여 성전에 모이기를 힘쓰고 집에서 떡을 떼며 기쁨과 순전한 마음으로 음식을 먹고 47하
나님을 찬미하며 또 온 백성에게 칭송을 받으니 주께서 구원 받는 사람을 날마다 더하게 하시니라

1. 초대교회에 성도들의 모습은 어떠했습니까? 성경 본문을 읽어보고 아래 내용 중에 틀린 부분을 x표를 치고 바로 고쳐보세요.

나누게 되었다.

초대교회 성도들은 모든 물건을 서로 통용하였기에 많은 재산과 소유를 ~~모으게~~ 되었다. 또한 날마다 마음을 같이하여 성전에 모이기 힘썼고 기쁨과 순전한 마음으로 음식 나누어 먹었다. 하나님을 찬미하였지만, 온 백성에게는 ~~미움만~~ 받았다. 사도들은 열심히 복음을 전했지만 구원받는 사람들은 ~~많지 않았다~~.

많았다 | 칭송을

정답) 많은 재산과 소유를 모으게 되었다. -> 재산과 소유를 팔아 필요한 자들에게 나누어 주었다.

온 백성에게는 미움만 받았다 -> 온 백성에게 칭송을 받았다.

구원받는 사람들은 많지 않았다 -> 주께서 구원받는 사람을 날마다 더하게 하셨다.

2. 초대교회 성도들은 서로 어떤 마음과 어떤 뜻을 가지고 있었습니까? (행 4:32)

정답) 한 마음과 한 뜻

믿는 무리가 한마음과 한 뜻이 되어 모든 물건을 서로 통용하고 자기 재물을 조금이라도 자기 것이라 하는 이가 하나도 없더라 (행 4:32)

[어떻게 가르칠까?]

요즘의 교회와 초대교회는 외형적으로 많은 것이 달랐습니다.
요즘엔 멋지게 지어진 교회에서 예배를 드리지만, 당시는 대부분 가정에 모여서 사도들의 가르침을 받고, 성찬 예식을 거행했습니다.
먼저, 학생들에게 초대교회 믿는 자들의 생활을 잘 설명해주세요.
초대교회 성도들은 욕심없이 서로 사랑을 베풀고, 하나님을 찬양하며, 또한 가난한 자들을 위한 구제활동도 열심히 하였습니다. 그로 인해 주변의 많은 사람들에게 칭찬을 받게 되었고 좋은 이미지로 인해 예수님을 믿겠다는 자들이 많이 생겨났습니다.
그렇다면 언제 핍박이 일어났을까요?
예수 그리스도의 복음이 증거될 때 핍박이 일어났습니다. 핍박의 주된 가해자는 대제사장과 공의회 의원들, 그리고 유대교적 열심이 있는 신앙인들이었습니다.
복음은 이처럼 영혼을 살리는 유일한 도구이기에 복음이 전해질 때마다 다양한 방법으로 사단의 방해와 악한 역사가 일어났던 것입니다.
초대교회의 신앙생활을 우리교회 학생회에서 어떻게 적용하면 좋을지도 이야기해보면 좋겠습니다.

### 티칭 포인트 | 초대교회 교회 공동체 생활

초대교회는 믿는 자들이 서로 한 가족같은 삶을 살았습니다.
44절에 "모든 물건을 서로 통용하고"라고 했습니다. 물건을 서로 통용했다는 것은 쉽게 말해 가족 같은 생활을 했다는 의미입니다.
가족끼리도 재산이 될 만한 부분이라면 분명 소유권이 있습니다.
하지만 그날 그날 소비되는 생활비는 네 것, 내 것 가리지 않습니다. 가족이기 때문에 그렇습니다.
아마도 초대교회 생활이 그런 생활이 아니었겠나 짐작해봅니다.
믿음의 식구들은 자발적으로 물건을 서로 통용하려고 했고, 모든 재산을 필요에 따라 언제든지 공동의 유익을 위하여 내어놓을 준비가 되어 있었습니다.
이 공동체는 사랑이라는 원리와 언약이라는 결속에 의해 이루어졌고 그 사랑과 언약이 지속적으로 유지되는 공동체였습니다.
또한 그들은 날마다 마음을 같이 했습니다. 그리고 모이기를 힘썼습니다.
초대 교회의 신자들이 자주 모이는 장소는 성전과 성전 바깥뜰 동편에 있는 솔로몬 행각이었습니다(3:11;5:12). 또한 믿음의 가정에서도 모였습니다.
로마의 총독이었던 플리니우스(Plinius)가 트랴안(Trajan)황제에게 보낸 서신에는 당시 그리스도인이 어떠했는지 잘 나타나 있다고 합니다.
플리니우스는 박해로 인해 비밀리에 모이는 기독교 공동체를 은밀히 조사했습니다. 조사 후 그는 트랴얀 황제에게 그리스도인을 '법 이상을 실천하는 사람들'이라고 보고했다고 합니다. 믿음의 식구들이 신앙에 충실하면서 특별히 하나님의 돌보심을 경험하고, 그의 돌보심을 간구했기 때문입니다.

### 티칭 포인트 | 코이노니아

초대교회의 성도들의 모습은 사랑의 공동체요, 서로 음식을 나누며 믿음의 교제를 나누는 아름다운 교제의 공동체라 볼 수 있습니다.

'교제'라는 단어는 헬라어로 '코이노니아' 라고 합니다.

이 단어는 '공유하다', '남과 함께 나누다', '공통'(共通), '다같이' 라는 뜻입니다.

그런데 성경에서는 보다 분명한 의미로 사용되고 있는데 삼위일체 하나님과 인간과의 교제(요일 1:3), 인간 서로간의(성도 사이의) 친교(요일 1:7) 등 입니다.

초대교회에 성도들은 먼저 한 마음과 한 뜻으로 생활하였다고 기록되어 있습니다(행 4:32). 구약 시대에는 하나님과 그의 백성 사이의 교제(출 19:5-6)나 어떤 특별한 개인과의 교제(출 33:9-11)가 있었습니다.

이때 희생제사는 교제의 매개가 되기도 합니다. 신약에서는 예수 그리스도를 통하여 새로운 의미의 교제로 승화됩니다.

특히, 사도 바울이 관용어처럼 언급한 '그리스도 안에' 라는 구절(엡 1:4)은 그리스도인들이 갖는 교제의 경험의 핵심과 본질을 가장 잘 나타내줍니다.

하나님께서는 우리를 그리스도와 교제케 하기 위하여 부르셨는데(고전 1:9), 이 교제는 단순히 개인적 경험에 그치는 것이 아니라 그리스도의 몸 된 교회를 이루는 기초가 됩니다(엡 4:16).

## 나누고 실천하기

1. 성령님은 어떤 분이신가요? 내가 아는대로 함께 이야기해봅시다.

**가이드** | 우리 친구들 중에는 하나님, 예수님에 대해서는 잘 알지만 성령님이 어떤 분이신지 낯설어하는 친구도 있을 것입니다. 먼저 친구들이 성령님을 어떻게 알고 있는지 자유롭게 이야기해보도록 하시고 선생님께서 성령님에 대하여 정리해주시면 좋겠습니다. 성령님은 진리의 영이시며 진리이신 예수 그리스도를 증거하시고 진리로 이끄시는 분이십니다. 또한 성령님께서는 지금 우리와 함께 하시며 복음을 전파하게 하시고 구원을 얻게 하시며 구원을 얻은 우리를 성화시키시는 분이십니다. 성령님은 우리가 예수님을 믿을 때 우리 가운데 찾아오셔서 영원히 함께 하십니다.

2. 초대교회와 같은 교회공동체를 만들기 위해 내가 노력해야 하는 것은 무엇인지 나눠봅시다.

**가이드** | 오늘 말씀을 통해 초대교회 사람들이 함께 어떠한 생활을 했는지 살펴보았습니다. 물건을 서로 통용하고 공동의 유익을 위하여 재산을 내놓기도 했지요. 예수님의 이름으로 모인 공동체가 어떠한 모습이어야 하는지 잘 보여주는 예인 것 같습니다. 그렇다면 오늘날, 우리가 속해 있는 공동체가 예수님이 기뻐하시는 공동체가 되기 위해 어떤 노력을 할 수 있을까요? 여러 가지가 있겠지만 예를 들어, 공동체 사람들을 위해 시간을 헌신하거나 물질을 헌신하여 섬기는 것, 내 이익보다 공동체의 이익을 구하는 것, 내가 가진 작은 것을 함께 나누며 기뻐하는 것 등이 될 수 있겠습니다.

**한줄 정리하기** · 한 과를 마치고 난 소감을 한줄로 기록해봅시다.

Lesson3 | 사도들의 사역 : 베드로1

# 3. 금과 은 나 없어도

[공과 목표]
1. 사도 베드로를 통한 사역들과 성령의 역사를 가르친다.
2. 신약 성경의 일반 서신과 예언서에 대해 잘 이해하도록 돕는다.

## 마음열기

**[질문] 만약 내 주변에 도움이 필요한 사람**(몸이 불편하거나 마음이 아픈)**이 있다면 나는 무엇을 할 수 있을까요?**

**설명** | 우리가 눈을 조금만 돌려보면 우리 주변에는 우리의 도움이 필요한 사람이 많습니다. 몸이 불편한 사람도 있고 마음이 아파서 외로워하고 있는 사람도 있습니다. 또한 가난과 굶주림에 고통받고 있는 사람들도 있지요. 이러한 사람들을 위해 나는 무엇을 할 수 있을지 생각해보도록 합시다. 직접적으로 찾아가 도움을 줄 수 없더라도 자신이 실제로 실천할 수 있는 방법들을 생각해보는 것도 좋습니다. 중요한 것은 생각에서 끝나는 화려한 답변보다 진실한 마음과 실제 행할 수 있는 구체적인 답변입니다. 예를 들면, 주변에 도움이 필요한 사람들을 위해 기간을 정하여 봉사를 실천해본다거나 기도의 제목으로 삼아 기도를 하는 것 등입니다. 그러나 제시된 것이 정답은 아니니 친구들의 다양한 의견을 들어보세요.

## 말씀 살피기

주제 말씀을 깊이 묵상하고 아래 질문에 답을 해봅시다.

### 주제 말씀 | 행 2:38-42

38베드로가 이르되 너희가 회개하여 각각 예수 그리스도의 이름으로 세례를 받고 죄 사함을 받으라
그리하면 성령의 선물을 받으리니 39이 약속은 너희와 너희 자녀와 모든 먼 데 사람 곧 주 우리 하나
님이 얼마든지 부르시는 자들에게 하신 것이라 하고 40또 여러 말로 확증하며 권하여 이르되 너희가
이 패역한 세대에서 구원을 받으라 하니 41그 말을 받은 사람들은 세례를 받으매 이 날에 신도의 수가
삼천이나 더하더라 42그들이 사도의 가르침을 받아 서로 교제하고 떡을 떼며 오로지 기도하기를 힘
쓰니라

1. 베드로는 많은 사람들에게 어떻게 하라고 말했으며, 많은 사람들은 그의 설교에 감화되어 각각 어떤 변화가 일어났습니까?(38~41절)

1) 베드로가 전한 말 : 예수이름으로 세례를 받고 죄사함을 받으라 그러면 성령의 선물을 받을 것이다.

2) 사람들의 변화 : 세례를 받았고, 죄사함을 받고난 후 많은 부흥이 일어났다.

2. 예수님을 믿고 세례 받은 자들에게 어떤 변화가 일어났습니까?(42절)
정답) 사도의 가르침을 받고, 서로 교제하고 떡을 떼며 기도하기에 힘썼다.

주제 말씀을 깊이 묵상하고 아래 질문에 답을 해봅시다.

**주제 말씀 | 행 3:1-10**

[1]제 구 시 기도 시간에 베드로와 요한이 성전에 올라갈새 [2]나면서 못 걷게 된 이를 사람들이 메고 오
니 이는 성전에 들어가는 사람들에게 구걸하기 위하여 날마다 미문이라는 성전 문에 두는 자라 [3]그
가 베드로와 요한이 성전에 들어가려 함을 보고 구걸하거늘 [4]베드로가 요한과 더불어 주목하여 이르
되 우리를 보라 하니 [5]그가 그들에게서 무엇을 얻을까 하여 바라보거늘 [6]베드로가 이르되 은과 금은
내게 없거니와 내게 있는 이것을 네게 주노니 나사렛 예수 그리스도의 이름으로 일어나 걸으라 하고
[7]오른손을 잡아 일으키니 발과 발목이 곧 힘을 얻고 [8]뛰어 서서 걸으며 그들과 함께 성전으로 들어가
면서 걷기도 하고 뛰기도 하며 하나님을 찬송하니 [9]모든 백성이 그 걷는 것과 하나님을 찬송함을 보
고 [10]그가 본래 성전 미문에 앉아 구걸하던 사람인 줄 알고 그에게 일어난 일로 인하여 심히 놀랍게
여기며 놀라니라

**1. 베드로는 구걸하던 자에게 은과 금은 없지만 내게 있는 것을 주겠다고 말했습니다. 이때 내게 있는 것은 곧 무엇이었습니까?** (6절)

정답) 나사렛 예수 그리스도의 이름(그 이름의 능력)

**2. 나면서부터 못걷게 된 자에게 나사렛 예수 그리스도의 이름으로 일어나 걸으라 했을 때 어떤 일이 벌어졌습니까?** (7-8절)

**또한 그것을 지켜본 사람들의 반응은 어떠했습니까?** (10절)

정답) 걷고 뛰게 되었고, 성전으로 가서 하나님을 찬송하였다.

사람들의 반응: 놀랍게 여겼다.

## [어떻게 가르칠까?]

예수님의 복음 전파 사역은 사도들, 특별히 베드로와 바울이 각기 다른 구심점이 되어 전 세계로 뻗어나가게 됩니다.
먼저, 베드로의 주요사역을 배워야 합니다. 베드로는 예수님이 부활하시기 전과 마찬가지로 초대교회에서도 사도들의 대표처럼 활동했습니다.
하지만, 베드로는 여전히 유대 율법주의에 갇혀 이방인들을 가슴으로 품지 않았고, 외식적인 행동을 보이기도 하였습니다.
하지만, 고넬료의 환상 사건을 통해 율법적 행위가 아닌 예수님을 믿는 믿음으로 구원받는다는 사실을 다시 한 번 뼈저리게 체험하기도 합니다.
이번 과는 오순절 다락방의 성령의 역사하심으로 성령충만한 베드로의 설교가 3천 명이 넘는 자를 회개시킨 사건, 즉 성령의 능력을 잘 설명해주시고, 나면서 걷지 못했던 자를 예수 그리스도의 이름으로 걷게 한 사건을 통해 예수 그리스도의 이름의 능력은 그 이름을 힘 입는 자에게 지금도 강하게 나타나고 있음을 잘 설명해주세요.

### **티칭 포인트** | 솔로몬 행각에서 전한 베드로의 설교

나면서부터 못 걷게 된 자를 예수 그리스도의 이름으로 일으켜 세우자 그 광경을 지켜보던 많은 사람들이 베드로를 솔로몬 행각으로 끌고 갔습니다.
솔로몬 행각은 지붕과 기둥만 있는 성전의 현관같은 곳으로 많은 사람들이 이곳에서 쉬기도 하고 성경 토론을 하기도 하였던 곳입니다.
특별히 초대교회 사도들이 주로 이곳에서 전도를 하기도 했습니다.
이 행각에서 베드로는 나면서 못 걷게 된 자를 일으켜 세운 기적에 대해 증거합니다. 그런 권능이 어디서 나왔냐고 물었을 때 베드로는 모든 권능은 예수 이름의 능력으로 가능케 되었다고 말했습니다.
16절에 "그 이름을 믿으므로 그 이름이 너희가 보고 아는 이 사람을 성하게 하였나니 예수로 말미암아 난 믿음이 너희 모든 사람 앞에서 이같이 완전히 낫게 하였느니라"고 했습니다. 여기서 '완전히'라는 단어는 헬라어로 '홀로클레리아'라는 단어인데 '육체적인 완전함', '완전한 건강함'이라고 수식하는 단어입니다.

또한 베드로는 많은 사람들에게 회복에 대해 말했습니다. 하나님이 예수 그리스도를 회복시켜 주셨듯이 우리도 회복시켜 주실 것이라고 말했습니다. 또한 베드로는 메시아를 못 알아보고 죽게 만든 그 우매함을 지적합니다.

"생명의 주를 죽였도다"라고 했습니다(행 3:15). 이어 19절에 "그러므로 너희가 회개하고 돌이켜 너희 죄 없이 함을 받으라"라고 했습니다. 결국, 회개하고 돌아오면 모든 죄를 사함 받을 수 있고, 구원을 얻을 수 있다는 것입니다.

## [알고 넘어가기]

사도행전 4장을 묵상하고 질문에 답을 해봅시다.

### 주제 말씀 | 행 4:1-31

1사도들이 백성에게 말할 때에 제사장들과 성전 맡은 자와 사두개인들이 이르러 2예수 안에 죽은 자
의 부활이 있다고 백성을 가르치고 전함을 싫어하여 3그들을 잡으매 날이 이미 저물었으므로 이튿날
까지 가두었으나 4말씀을 들은 사람 중에 믿는 자가 많으니 남자의 수가 약 오천이나 되었더라 5이튿
날 관리들과 장로들과 서기관들이 예루살렘에 모였는데 6대제사장 안나스와 가야바와 요한과 알렉
산더와 및 대제사장의 문중이 다 참여하여 7사도들을 가운데 세우고 묻되 너희가 무슨 권세와 누구
의 이름으로 이 일을 행하였느냐 8이에 베드로가 성령이 충만하여 이르되 백성의 관리들과 장로들아
9만일 병자에게 행한 착한 일에 대하여 이 사람이 어떻게 구원을 받았느냐고 오늘 우리에게 질문한
다면 10너희와 모든 이스라엘 백성들은 알라 너희가 십자가에 못 박고 하나님이 죽은 자 가운데서 살
리신 나사렛 예수 그리스도의 이름으로 이 사람이 건강하게 되어 너희 앞에 섰느니라 11이 예수는 너
희 건축자들의 버린 돌로서 집 모퉁이의 머릿돌이 되었느니라 12다른 이로써는 구원을 받을 수 없나
니 천하 사람 중에 구원을 받을 만한 다른 이름을 우리에게 주신 일이 없음이라 하였더라 13그들이 베
드로와 요한이 담대하게 말함을 보고 그들을 본래 학문 없는 범인으로 알았다가 이상히 여기며 또 전
에 예수와 함께 있던 줄도 알고 14또 병 나은 사람이 그들과 함께 서 있는 것을 보고 비난할 말이 없는
지라 15명하여 공회에서 나가라 하고 서로 의논하여 이르되 16이 사람들을 어떻게 할까 그들로 말미암
아 유명한 표적 나타난 것이 예루살렘에 사는 모든 사람에게 알려졌으니 우리도 부인할 수 없는지라

17이것이 민간에 더 퍼지지 못하게 그들을 위협하여 이 후에는 이 이름으로 아무에게도 말하지 말게
하자 하고 18그들을 불러 경고하여 도무지 예수의 이름으로 말하지도 말고 가르치지도 말라 하니 19베
드로와 요한이 대답하여 이르되 하나님 앞에서 너희의 말을 듣는 것이 하나님의 말씀을 듣는 것보다
옳은가 판단하라 20우리는 보고 들은 것을 말하지 아니할 수 없다 하니 21관리들이 백성들 때문에 그
들을 어떻게 처벌할지 방법을 찾지 못하고 다시 위협하여 놓아 주었으니 이는 모든 사람이 그 된 일
을 보고 하나님께 영광을 돌림이라 22이 표적으로 병 나은 사람은 사십여 세나 되었더라 23사도들이
놓이매 그 동료에게 가서 제사장들과 장로들의 말을 다 알리니 24그들이 듣고 한마음으로 하나님께
소리를 높여 이르되 대주재여 천지와 바다와 그 가운데 만물을 지은 이시오 25또 주의 종 우리 조상
다윗의 입을 통하여 성령으로 말씀하시기를 어찌하여 열방이 분노하며 족속들이 허사를 경영하였는
고 26세상의 군왕들이 나서며 관리들이 함께 모여 주와 그의 그리스도를 대적하도다 하신 이로소이
다 27과연 헤롯과 본디오 빌라도는 이방인과 이스라엘 백성과 합세하여 하나님께서 기름 부으신 거
룩한 종 예수를 거슬러 28하나님의 권능과 뜻대로 이루려고 예정하신 그것을 행하려고 이 성에 모였
나이다 29주여 이제도 그들의 위협함을 굽어보시옵고 또 종들로 하여금 담대히 하나님의 말씀을 전
하게 하여 주시오며 30손을 내밀어 병을 낫게 하시옵고 표적과 기사가 거룩한 종 예수의 이름으로 이
루어지게 하옵소서 하더라 31빌기를 다하매 모인 곳이 진동하더니 무리가 다 성령이 충만하여 담대
히 하나님의 말씀을 전하니라

**1. 관리들과 장로들과 서기관들이 베드로에게 "너희는 무슨 권세와 누구의 이름으로 이 일을 행하였느냐(나면서 못 걷게 된 이를 일으킨 일)(행 3장)"라고 물었을 때 베드로는 무어라 답을 하였습니까? (7-10절)**

정답) 나사렛 예수의 이름으로 행했다 말함

**2. 그렇게 말하면서 베드로는 또 저들에게 무엇을 전하였습니까? 아래 성경 구절에 빈칸을 채워봅시다.**

다른 이로써는 (구원)을 받을 수 없나니 천하 사람 중에 구원을 받을 만한 다른 (이름)을 우리에게 주신 일이 없음이라 하였더라 (행 4:12)

**3. 예수의 이름으로 말하지도 말고 가르치지도 말라(18절)고 베드로와 요한을 위협하였을 때 베드로는 어떻게 대답하였습니까?**

정답) 우리는 보고 들은 것을 말하지 아니할 수 없다(20절)

**4. 그렇게 감옥에 갇히고 공회에서 심문받을 때, 믿음의 성도들은 무엇을 했습니까? (행 4:23~31)**

정답) 하나님께 간구하며 기도하였다.

**티칭 포인트** | 사도 베드로의 초대교회 행적

베드로는 예수님의 12제자 중 수제자였지만 두려움에 예수님을 세 번이나 부인하기도 했던 결점 많은 제자였습니다. 하지만 이후 회개하고 예수님께서 명령하신 사명을 훌륭히 감당한 제자였습니다.
베드로는 예수님께서 승천하신 후에는 예루살렘 교회의 최고 지도자 중 한 사람으로서 복음 사역에 앞장섰습니다(행 1:13-14). 성령의 충만함을 입었던 베드로의 능력있는 설교로 하루에 3천 명이나 회심하며 세례를 받기도 하였고 계속해서 5천 명의 신자가 생기도 했습니다.
베드로가 바나바와 바울의 제1차 선교 여행 보고를 겸해 개최된 예루살렘 총회에서 이방 선교의 장애물을 제거하고 이방 선교의 길을 열어놓는 결정을 한 것은 다시 한번 베드로의 위상을 잘 보여주고 있습니다(행 15:7-11).
이후 베드로의 행석은 잘 알려져 있지 않으나 안디옥(갈 2:11-15)과 소아시아 지방(벧전 1:1), 고린도(고전 1:12) 등지에서 복음을 전한 것으로 추정됩니다.
또한 생애 마지막에 로마에서 복음을 전하며 감독직을 수행한 듯합니다(벧전 5:12-13). 그리고 로마의 대화재 참사(A.D. 64년경)를 빌미로 기독교인을 탄압했던 네로

황제의 대박해 때 체포되어 예수님의 예언대로(요 21:18-19) 순교하게 됩니다. 전해 오는 전설에 의하면 그는 십자가를 거꾸로 지고 순교했다고 합니다(A.D. 67년경).

[알고 넘어가기2]

일반서신과 예언서

**1. 아래의 빈칸에 성경을 채워봅시다.**

공동 서신은 히브리서, 야고보서, (베드로)전서, 베드로후서, 요한일서, 요한이서, 요한삼서, 유다서 총 8권으로 구성되어 있습니다.

예언서는 요한이 기록한 (요한계시록)입니다.

**티칭 포인트 |** 일반 서신과 예언서

신약 성경 중에서 바울이 기록한 서신서를 제외한 서신서를 '일반 서신' 혹은 '공동서신'이라고 말합니다.
즉 일반 서신은 야고보서, 베드로전·후서, 요한1·2·3서, 유다서를 가리킵니다.
한 가지, 히브리서는 학자에 따라 여러 의견이 있는데 어떤 학자는 일반 서신에 포함하기도 합니다. 일반 서신은 특별한 개인이나 특정한 교회에 보낸 것이 아니라 일반 교회에 보내진 것을 말하기도 합니다. 다시 말해 막 생겨나기 시작한 교회들에게 이 서신들이 전해지면서 읽혀지고 은혜를 나누었던 것입니다.

일반 서신서를 간략하게 살펴보면,

[베드로 전후서]

베드로가 실라의 도움을 받아 베드로 전 후서를 기록했습니다(벧전 5:12).

저작 시기는 여러 설이 있지만, 보통 네로시대 설(A.D. 54-68년)이 가장 타당합니다. 왜냐하면 베드로가 바울의 1차 투옥(A.D. 62-64년경) 후에 로마에 도착하였다고 보는 견해가 가장 설득력 있기 때문입니다.
기록 장소와 기록 대상을 살펴보면, 베드로전후서는 벧전 5:13의 내용을 근거로, 바벨론에서 쓰여진 것으로 보이며 여기서 바벨론은 구약의 바벨론이 아니라 로마로 보는 것이 유력한 견해입니다.
기록 대상은 소아시아에 흩어져 있는 그리스도인들이었습니다.
기록 목적은 극심한 박해를 받고 있는 성도들을 위로하고 격려하기 위해서, 그리고 거짓 선생들의 유혹에 빠지지 않도록 예수님의 재림을 바라며 믿음을 가지고 인내할 것을 권면하고 있습니다.

[야고보서]
예수님의 형제 야고보가 기록하였습니다.
기록 연대는 A.D. 60년경으로 추정되고, 바울의 이신칭의 교리를 잘못 이해한 성도들에게 믿음의 생활적인 측면을 보충하여 기록한 면이 있습니다.
그래서 야고보서는 로마서가 기록된 후에 쓰여졌다고 보고 있습니다.
이 서신서는 예루살렘에서 기록했을 것이고, 여러나라에 흩어진 12지파들 즉 유대 그리스도인들을 대상으로 기록하였습니다. 당시에는 경건치 못한 부자들의 횡포와 일부 성도들의 형식적 신앙, 그리고 외모로 판단하는 등 성도간의 교제가 단절되어 갔습니다. 이 때문에 야고보는 이들을 격려하고 잘못된 신앙 자세를 시정하며 믿음과 행함에 대한 교훈을 이야기하기 위해 야고보서를 기록했습니다.

[요한 1, 2, 3서]
저자는 사도 요한입니다. 저작 연대는 요한복음이 기록된 후인 A.D. 85-96년경이라 추정됩니다. 이 서신서는 에베소에서 기록되었을 것으로 추정되며 대상은 모든 그리스도인들입니다. 특별히 요한 3서는 가이오에게 썼습니다.
요한 1서의 내용은 교제와 사랑입니다. 그리스도인들이 하나님과 아름다운 교제를 위해 하나님께 순종하고 진리를 추구하는 삶을 살아야 함을 가르치고 있습니다. 또한 다른 사람들과도 사랑의 교제를 나누어야 한다고 강조하고 있습니다.
요한2서는 진리와 행함에 대해 기록하고 있습니다. 진리 안에 있는 자는 사랑과 참된 지식과 기쁨 가운데 생활해야 한다는 가르침입니다.
요한 3서의 핵심어는 기쁨입니다. 진리 안에 꾸준히 신앙생활을 잘하고 있는 가이오와 다른 신자들의 모습을 보고 기뻐하며 그들이 순회 설교자들과 다른 믿는 형제들에게 베풀었던 친절과 대접이야말로 온 교회가 계속 감당해야 할 귀한 사역이라 말하고 있습니다.

[유다서]
저자는 야고보의 형제 유다입니다(1:1). 기록한 곳은 어딘지 알 수 없고 모든 예수를 믿는 신자를 위해 썼습니다. 당시 교회에 침투해있었던 이단 사상과 거짓 교사들의 악행을 경책하고 이단에 대한 바른 변증을 통해 성도들을 복음 안에서 바로 세우기 위해 썼습니다.

[예언서]
요한계시록으로 사도요한이 밧모섬에서 유배 생활할 때 계시를 받아 기록한 책으로 말세에 대한 내용을 다루고 있습니다.

## 나누고 실천하기

1. 나는 예수님을 믿고 난 후 변화된 점이 있나요? 있다면 무엇인지 함께 나눠봅시다.

   **가이드** | 예수님을 믿는 우리는 예전의 모습과 분명 차이가 있어야 합니다. 그리고 성령님께서 우리의 마음을 변화시키심으로 우리의 모습도 변화하게 되지요.
   아주작은 변화라도 괜찮습니다. 우리 친구들 스스로 자신의 모습을 되돌아보고 예수님으로 인해 변화된 나의 모습을 찾아보며 감사할 수 있는 시간이 되길 바랍니다.

2. 혹시 내 주변에 예수 그리스도 이름의 능력이 필요한 곳(사람)이 있나요? 있다면 어디(누구)인지 나누어보고 함께 예수님의 이름을 의지하며 기도하는 시간을 가져봅시다.

   **가이드** | 우리 주변에 예수님의 이름의 능력이 필요한 곳 혹은 사람이 있을 것입니다. 좁게는 내 친구나 가족이 겪고 있는 문제와 어려움이 있을 수도 있고 아직 복음을 전하지 못한 사람들이 될 수도 있겠습니다.

**한줄 정리하기** · 한 과를 마치고 난 소감을 한줄로 기록해봅시다.

Lesson 4 | 사도들의 사역 : 베드로2

# 4. 사도들의 치유 사건들

[공과 목표]

1. 베드로를 비롯한, 초대교회 사도들의 치유와 능력의 사건들을 알게 한다.
2. 아나니아와 삽비라 사건을 통해 우리의 신앙생활을 되돌아보게 한다.

## 마음열기

[질문] 내 양심에 찔리는 행동을 한 적이 있나요?

**설명** | 양심이란 '사물의 가치를 변별하고 자기의 행위에 대해 옳고 그름과 선과 악의 판단을 내는 도덕적 의식'이라고 합니다. 그런데 우리는 가끔 양심에 가책을 느끼는 행동을 하거나 양심에 가책이 느껴지면서도 애써 그것을 외면하고 행동할 때가 있지요.

혹 친구들 중에는 시험시간에 몰래 컨닝을 한 적이 있거나 남에게 거짓말을 한 적이 있을 수 있습니다. 이외에도 아이들이 스스로 잘못되었다고 생각하는 행동들은 무엇이 있는지 자유롭게 나눠보도록 합니다.

성령님께서는 우리 안에 내주하시며 우리를 진리로 이끄시는 분이십니다. 그렇기 때문에 우리가 하나님 앞에 잘못된 행동을 했을 때, 성령님께서 우리의 잘못을 깨닫게 하시지요. 또한 양심이라는 말은 세상적으로 보았을 때, 각자 자신이 세우고 정한 가치를 기준으로 하고 있기 때문에 우리는 우리의 양심이 아니라 우리 안에 계시는 성령님의 음성에 귀기울여야 합니다.

## 말씀 살피기

주제 말씀을 깊이 묵상하고 아래 질문에 답을 해봅시다.

### 주제 말씀 | 행 9:32-43

32그 때에 베드로가 사방으로 두루 다니다가 룻다에 사는 성도들에게도 내려갔더니 33거기서 애니아
라 하는 사람을 만나매 그는 중풍병으로 침상 위에 누운 지 여덟 해라 34베드로가 이르되 애니아야 예
수 그리스도께서 너를 낫게 하시니 일어나 네 자리를 정돈하라 한대 곧 일어나니 35룻다와 사론에 사
는 사람들이 다 그를 보고 주께로 돌아오니라 36욥바에 다비다라 하는 여제자가 있으니 그 이름을 번
역하면 도르가라 선행과 구제하는 일이 심히 많더니 37그 때에 병들어 죽으매 시체를 씻어 다락에 누
이니라 38룻다가 욥바에서 가까운지라 제자들이 베드로가 거기 있음을 듣고 두 사람을 보내어 지체
말고 와 달라고 간청하여 39베드로가 일어나 그들과 함께 가서 이르매 그들이 데리고 다락방에 올라
가니 모든 과부가 베드로 곁에 서서 울며 도르가가 그들과 함께 있을 때에 지은 속옷과 겉옷을 다 내
보이거늘 40베드로가 사람을 다 내보내고 무릎을 꿇고 기도하고 돌이켜 시체를 향하여 이르되 다비
다야 일어나라 하니 그가 눈을 떠 베드로를 보고 일어나 앉는지라 41베드로가 손을 내밀어 일으키고
성도들과 과부들을 불러 들여 그가 살아난 것을 보이니 42온 욥바 사람이 알고 많은 사람이 주를 믿더
라 43베드로가 욥바에 여러 날 있어 시몬이라 하는 무두장이의 집에서 머무니라

**1. 베드로는 예수 이름의 능력으로 많은 사람들을 치유하였습니다. 치유한 사람, 질병의 이름, 베드로가 한 말을 순서대로 나열한 것에 O표를 치세요.**

1) 애니아 - 중풍병 8년 - 예수님이 너를 낫게하시니 일어나 자리를 정돈하라

2) 애니아 - 간질 8년- 예수님이 너를 낫게하시니 일어나 자리를 정돈하라

3) 도르가 - 병들어 죽음 - 다비다야 일어나라

2. 괄호 안에 사람 이름과 지역명을 채워 넣어봅시다.

애니아의 중풍병이 치유됨을 보고 (룻다)와 (사론)에 사는 사람들이 예수를 믿게 되었습니다. 또한 죽었던 (도르가)가 예수님의 능력으로 살아나자 욥바에 많은 사람들도 예수를 믿게 되었습니다.

[어떻게 가르칠까?]

예수님은 세상에 계실 때 많은 기적을 행하셨습니다.
물이 포도주로 바뀐 기적, 물고기 두 마리와 보리떡 다섯 개로 오천 명을 먹이고도 12광주리가 남았던 기적, 바다를 잠잠케 하고, 죽은 자를 일으켜 세운 기적, 눈먼 자가 눈을 뜨고 저는 자가 일어서며 손 마른 자가 손이 펴지는 그런 기적들.
이런 기적들은 예수님이 확실히 하나님이시라는 사실을 보여주는 증거였습니다. 예수님은 또한 당신을 믿지 못하겠거든 내가 행하는 일을 보고 믿으라 말씀하셨습니다.
"내가 아버지 안에 거하고 아버지께서 내 안에 계심을 믿으라, 그렇지 못하겠거든, 행하는 일로 말미암아 나를 믿으라" (요 14:11)
초대교회 당시에 사도들도 예수 이름을 힘입어 많은 기적과 치유를 행했습니다.
실제로 예수님은 믿는 자에게 나타나는 능력에 대해 말씀하셨는데,
마가복음 16장 17~18절 말씀에 "믿는 자들에게는 이런 표적이 따르리니 곧 그들이 내 이름으로 귀신을 쫓아내며 새 방언을 말하며 뱀을 집어올리며 무슨 독을 마실지라도 해를 받지 아니하며 병든 사람에게 손을 얹은즉 나으리라 하시더라" 고 했습니다.
사람들은 사도들의 이런 치유 능력으로 인해 하나님의 영이 저들에게 임했다는 사실을 믿게 되었고, 더 강한 성령의 역사하심으로 복음을 받아들이는 자들이 많았습니다.
이처럼 사도들은 예수님의 능력으로 말씀을 전하고 치유와 기적을 행했다는 사

실을 잘 설명해주시고, 우리도 이런 믿음을 소유하면 마가복음 16장 17~18절의 말씀대로 능력이 나타난다는 사실을 알려주세요.

### [사도들의 치유 능력]

오순절 사건 이후, 사도들에게 더 많은 능력과 기사가 나타났다고 성경은 기록하고 있습니다. 물 붓듯 부으시는 성령의 역사는 말씀의 권능으로 많은 사람들이 자복하고 회개하게 했고, 질병으로 고생하는 자들이 예수 이름을 사용함으로 낫는 역사가 자주 일어났습니다.

[사도들이 행한 치유의 사건들]

| 사도명 | 치유된 병명 | 장소 |
|---|---|---|
| 베드로 | 나면서 앉은뱅이 된 자 (행3:1-10) | 성전미문 |
| 베드로 | 많은 병자들을 고침 (행5:12-16) | 예루살렘 |
| 아나니아 | 사울(바울)의 소경을 치료 (행9:10-19) | 직가 |
| 베드로 | 중풍병자 애니아를 고침 (행9:32-35) | 룻다 |
| 베드로 | 다비다(도르가)를 살림 (행9:36-43) | 욥바 |
| 바울 | 나면서 앉은뱅이 된자 (행14:8-10) | 루스드라 |
| 바울 | 귀신들린 여인을 고침 (행16:14-18) | 빌립보 |
| 바울 | 병든 자, 사귀를 쫓음 (행19:11-12) | 에베소 |
| 바울 | 유두고를 살림 (행20:7-12) | 드로아 |
| 바울 | 보블리오의 부친 열병과 이질 (행28:7-10) | 멜리데 |

## [알고 넘어가기] 아나니아와 삽비라

주제 말씀을 깊이 묵상하고 아래 질문에 답을 해봅시다.

### 주제 말씀 | 행 5:1-11

1아나니아라 하는 사람이 그의 아내 삽비라와 더불어 소유를 팔아 2그 값에서 얼마를 감추매 그 아내
도 알더라 얼마만 가져다가 사도들의 발 앞에 두니 3베드로가 이르되 아나니아야 어찌하여 사탄이 네
마음에 가득하여 네가 성령을 속이고 땅 값 얼마를 감추었느냐 4땅이 그대로 있을 때에는 네 땅이 아
니며 판 후에도 네 마음대로 할 수가 없더냐 어찌하여 이 일을 네 마음에 두었느냐 사람에게 거짓말
한 것이 아니요 하나님께로다 5아나니아가 이 말을 듣고 엎드러져 혼이 떠나니 이 일을 듣는 사람이
다 크게 두려워하더라 6젊은 사람들이 일어나 시신을 싸서 메고 나가 장사하니라 7세 시간쯤 지나 그
의 아내가 그 일어난 일을 알지 못하고 들어오니 8베드로가 이르되 그 땅 판 값이 이것뿐이냐 내게 말
하라 하니 이르되 예 이것뿐이라 하더라 9베드로가 이르되 너희가 어찌 함께 꾀하여 주의 영을 시험
하려 하느냐 보라 네 남편을 장사하고 오는 사람들의 발이 문 앞에 이르렀으니 또 너를 메어 내가리
라 하니 10곧 그가 베드로의 발 앞에 엎드러져 혼이 떠나는지라 젊은 사람들이 들어와 죽은 것을 보고
메어다가 그의 남편 곁에 장사하니 11온 교회와 이 일을 듣는 사람들이 다 크게 두려워하니라

**1. 아나니아와 삽비라의 가장 큰 잘못은 무엇입니까?**

정답) 성령을 속인 죄

**2. 그렇다면 우리는 어떤 마음으로 하나님께 예배드려야 합니까?(요4:24)**

하나님은 영이시니 예배하는 자가 영과 진리로 예배할지니라(요 4:24)

정답) 성령을 의지해서 마음을 다해 진실함으로 예배 드려야 한다.

**3. 아나니아와 삽비라 사건을 통해 우리가 배울점은 무엇인지 각자의 생각을 기록해 봅시다.**

진정한 예배 드림은 마음의 죄의 고백을 통한 용서와 진실된 마음으로 드려야 한다.

티칭 포인트 |

초대교회는 부활하신 예수님을 직접 보고, 승천하는 모습도 많은 사람들이 지켜보았기에 절대적인 믿음을 소유한 자들이 많았을 것입니다.
그러한 사도들에 의해 복음은 전파되었고 교회는 나날이 부흥되어 갔습니다.
그렇게 믿는 자들의 좋은 소문이 나고 부흥되어 가는데 큰 두려운 사건이 일어나게 되었습니다. 바로 아나니아와 삽비라 사건입니다.
바나바가 재산을 팔아 헌금을 드린 것이 질투가 난 나머지 아나니아와 삽비라 부부도 하나님께 소유를 팔아 헌금을 드리기로 약속합니다.
하지만 처음 약속과 달리 소유의 일부를 속여 일부만 사도들 앞에 두었습니다.
성령님은 베드로를 통해 성령을 속이고 하나님께 거짓말한 사실을 아나니아와 삽비라에게 전달하자 곧 그들은 죽게 되었습니다.

가인이 질투심에 아벨을 죽인 것과 마찬가지로 아나니아와 삽비라 역시 바나바가 소유를 팔아 드린 것에 대한 시기심에 마음에도 없는 헌금을 약속한 것입니다. 이 사건에서 중요한 것은 아나니아와 삽비라는 성령을 속이고 하나님을 속였다는 것입니다.
아나니아와 삽비라는 거짓으로 헌금을 드렸고 거짓으로 예배에 참여하였습니다. 우리는 거짓됨 없이 진정한 마음으로 예배에 참여해야 할 것입니다.

그렇다면 예배를 어떻게 드려야 합니까?
요한복음 4장 24절에 "하나님은 영이시니 예배하는 자가 영과 진리로 예배드려야 한다'고 기록되어 있습니다.
여기서 영은 헬라어로 '프뉴마'로 '성령님'을 의미합니다. 진리는 '알레데이아'로 진실되게 참되게 드려야 합니다. 예배는 거짓없이 참되게 믿음으로 드리는 것입니다.

## 나누고 실천하기

1. 사도들의 치유의 사건들을 통하여 우리가 바라봐야 할 것은 무엇일까요?

   **가이드** | 사도들은 예수님의 이름의 능력으로 많은 사람들을 치유했습니다. 이것은 사도들의 능력이 아니라 오직 예수님의 이름의 능력으로 행한 것이지요. 그렇다면 우리는 이러한 사건들을 바라볼 때 궁극적으로 무엇을 바라보아야 할까요? 기적의 사건들을 그저 신기하고 놀랍게 여겨야 할까요? 친구들의 생각은 어떠한지 물어봐주신 후, 우리는 모든 치유의 사건들을 통해 오직 그 일을 행하신 하나님을 바라보며 그분 앞에 겸손히 나아가야 함을 설명해주시길 바랍니다.

2. 혹시 나에게는 아나니아와 삽비라와 같은 모습은 없었는지 돌아보고 진정으로 회개하는 시간을 가져봅시다.

   **가이드** | 아나니아와 삽비라는 바나바의 모습에 질투하여 자신들도 헌금을 드리기로 하지만 하나님과 사람들을 속여 소유의 일부만 헌금을 드렸습니다. 혹시 나에게도 이런 모습은 없는지 돌아보는 시간을 가져봅시다. 이 부분은 서로 나누기 어려울 수 있으므로 아이들에게 나눔을 강요하지는 마시고 스스로 생각해보도록 인도해주세요. 아무도 모를 것이라 생각하여 하나님과 사람을 속인 적은 없는지, 거짓되게 행동한 적은 없는지 생각해보도록 합니다. 그리고 하나님 앞에 고백하는 시간을 가져보시면 좋겠습니다.

**한줄 정리하기** · 한 과를 마치고 난 소감을 한줄로 기록해봅시다.

Lesson 5 | 고넬료와 가족의 구원받음의 사건

# 5. 이방인에게도 구원이...

[공과 목표]
1. 고넬료의 환상과 성령의 역사를 통한 이방인 구원 사건을 가르친다.
2. 구원과 관련된 요절말씀을 외우도록 지도한다.

## 마음열기

**[질문] 예수님을 믿는 사람과 그렇지 않은 사람의 공통점과 차이점은 무엇이 있나요?**

**설명** | 예수님을 믿는 사람과 믿지 않는 사람의 가장 큰 차이점은 '예수님을 믿느냐, 믿지 않느냐'이겠지요. 반대로 공통점은 둘 다 하나님께서 지으신 피조물이라는 사실을 들 수 있겠습니다. 이외에도 친구들이 생각하는 공통점과 차이점은 무엇이 있는지 나눠봅시다. 그런데 오늘 말씀에서 이방인이었던 고넬료라는 사람이 예수님을 믿는 사건이 등장합니다. 오늘날에는 충분히 일어날 수 있는 일이지만 당시 상황을 비추어볼 때, 복음이 이방인에게까지 전해졌다는 것과 이방인이 예수님을 믿었다는 사실은 참으로 놀라운 일이 아닐 수 없습니다. 이 말은 이방인이었던 우리도 지금 복음의 소식을 듣고 예수님을 믿을 수 있게 되었다는 것이지요. 이를 통해 우리는 예수님께서 이 땅에 오심으로 이제 누구든지 예수님을 믿으면 구원을 얻을 수 있다는 놀라운 은혜를 발견하게 됩니다. 오늘 말씀을 들으며 우리 친구들이 이방인에게도 구원이 이르렀다는 사실이 우리에게 얼마나 큰 은혜인지 깨닫게 되기를 바랍니다.

## 말씀 살피기

주제말씀을 깊이 묵상하고 아래 질문에 답을 해봅시다.

### 주제 말씀 | 행 10:1-48

1가이사랴에 고넬료라 하는 사람이 있으니 이달리야 부대라 하는 군대의 백부장이라 2그가 경건하여
온 집안과 더불어 하나님을 경외하며 백성을 많이 구제하고 하나님께 항상 기도하더니 3하루는 제 구
시쯤 되어 환상 중에 밝히 보매 하나님의 사자가 들어와 이르되 고넬료야 하니 4고넬료가 주목하여
보고 두려워 이르되 주여 무슨 일이니이까 천사가 이르되 네 기도와 구제가 하나님 앞에 상달되어 기
억하신 바가 되었으니 5네가 지금 사람들을 욥바에 보내어 베드로라 하는 시몬을 청하라 6그는 무두
장이 시몬의 집에 유숙하니 그 집은 해변에 있다 하더라 7마침 말하던 천사가 떠나매 고넬료가 집안
하인 둘과 부하 가운데 경건한 사람 하나를 불러 8이 일을 다 이르고 욥바로 보내니라 9이튿날 그들이
길을 가다가 그 성에 가까이 갔을 그 때에 베드로가 기도하려고 지붕에 올라가니 그 시각은 제 육 시
더라 10그가 시장하여 먹고자 하매 사람들이 준비할 때에 황홀한 중에 11하늘이 열리며 한 그릇이 내려
오는 것을 보니 큰 보자기 같고 네 귀를 매어 땅에 드리웠더라 12그 안에는 땅에 있는 각종 네 발 가진
짐승과 기는 것과 공중에 나는 것들이 있더라 13또 소리가 있으되 베드로야 일어나 잡아 먹어라 하거
늘 14베드로가 이르되 주여 그럴 수 없나이다 속되고 깨끗하지 아니한 것을 내가 결코 먹지 아니하였
나이다 한대 15또 두 번째 소리가 있으되 하나님께서 깨끗하게 하신 것을 네가 속되다 하지 말라 하더
라 16이런 일이 세 번 있은 후 그 그릇이 곧 하늘로 올려져 가니라 17베드로가 본 바 환상이 무슨 뜻인지
속으로 의아해 하더니 마침 고넬료가 보낸 사람들이 시몬의 집을 찾아 문 밖에 서서 18불러 묻되 베드
로라 하는 시몬이 여기 유숙하느냐 하거늘 19베드로가 그 환상에 대하여 생각할 때에 성령께서 그에
게 말씀하시되 두 사람이 너를 찾으니 20일어나 내려가 의심하지 말고 함께 가라 내가 그들을 보내었
느니라 하시니 21베드로가 내려가 그 사람들을 보고 이르되 내가 곧 너희가 찾는 사람인데 너희가 무
슨 일로 왔느냐 22그들이 대답하되 백부장 고넬료는 의인이요 하나님을 경외하는 사람이라 유대 온
족속이 칭찬하더니 그가 거룩한 천사의 지시를 받아 당신을 그 집으로 청하여 말을 들으려 하느니라
한대 23베드로가 불러 들여 유숙하게 하니라 이튿날 일어나 그들과 함께 갈새 욥바에서 온 어떤 형제
들도 함께 가니라 24이튿날 가이사랴에 들어가니 고넬료가 그의 친척과 가까운 친구들을 모아 기다
리더니 25마침 베드로가 들어올 때에 고넬료가 맞아 발 앞에 엎드리어 절하니 26베드로가 일으켜 이르
되 일어서라 나도 사람이라 하고 27더불어 말하며 들어가 여러 사람이 모인 것을 보고 28이르되 유대
인으로서 이방인과 교제하며 가까이 하는 것이 위법인 줄은 너희도 알거니와 하나님께서 내게 지시
하사 아무도 속되다 하거나 깨끗하지 않다 하지 말라 하시기로 29부름을 사양하지 아니하고 왔노라

묻노니 무슨 일로 나를 불렀느냐 30고넬료가 이르되 내가 나흘 전 이맘때까지 내 집에서 제 구 시 기
도를 하는데 갑자기 한 사람이 빛난 옷을 입고 내 앞에 서서 31말하되 고넬료야 하나님이 네 기도를 들
으시고 네 구제를 기억하셨으니 32사람을 욥바에 보내어 베드로라 하는 시몬을 청하라 그가 바닷가
무두장이 시몬의 집에 유숙하느니라 하시기로 33내가 곧 당신에게 사람을 보내었는데 오셨으니 잘하
였나이다 이제 우리는 주께서 당신에게 명하신 모든 것을 듣고자 하여 다 하나님 앞에 있나이다 34베
드로가 입을 열어 말하되 내가 참으로 하나님은 사람의 외모를 보지 아니하시고 35각 나라 중 하나님
을 경외하며 의를 행하는 사람은 다 받으시는 줄 깨달았도다 36만유의 주 되신 예수 그리스도로 말미
암아 화평의 복음을 전하사 이스라엘 자손들에게 보내신 말씀 37곧 요한이 그 세례를 반포한 후에 갈
릴리에서 시작하여 온 유대에 두루 전파된 그것을 너희도 알거니와 38하나님이 나사렛 예수에게 성
령과 능력을 기름 붓듯 하셨으매 그가 두루 다니시며 선한 일을 행하시고 마귀에게 눌린 모든 사람
을 고치셨으니 이는 하나님이 함께 하셨음이라 39우리는 유대인의 땅과 예루살렘에서 그가 행하신 모
든 일에 증인이라 그를 그들이 나무에 달아 죽였으나 40하나님이 사흘 만에 다시 살리사 나타내시되
41모든 백성에게 하신 것이 아니요 오직 미리 택하신 증인 곧 죽은 자 가운데서 부활하신 후 그를 모
시고 음식을 먹은 우리에게 하신 것이라 42우리에게 명하사 백성에게 전도하되 하나님이 살아 있는
자와 죽은 자의 재판장으로 정하신 자가 곧 이 사람인 것을 증언하게 하셨고 43그에 대하여 모든 선지
자도 증언하되 그를 믿는 사람들이 다 그의 이름을 힘입어 죄 사함을 받는다 하였느니라 44베드로가
이 말을 할 때에 성령이 말씀 듣는 모든 사람에게 내려오시니 45베드로와 함께 온 할례 받은 신자들이
이방인들에게도 성령 부어 주심으로 말미암아 놀라니 46이는 방언을 말하며 하나님 높임을 들음이러
라 47이에 베드로가 이르되 이 사람들이 우리와 같이 성령을 받았으니 누가 능히 물로 세례 베풂을 금
하리요 하고 48명하여 예수 그리스도의 이름으로 세례를 베풀라 하니라 그들이 베드로에게 며칠 더
머물기를 청하니라

1. 베드로는 어떤 환상을 보았고, 하늘로부터 어떤 소리가 들렸습니까?(행 10:10~16) 아래 괄호를 채워봅시다.

하늘에서 큰 (보자기)같은 것이 땅으로 내려왔는데, 그 안에는 (네 발 가진) 짐승과 기는것과 공중에 나는 것들이 있었습니다. 그때 하늘에서 베드로에게 이것들을 (잡아 먹으라)는 소리가 들렸습니다.

2. 베드로는 그 소리에 어떻게 행동했습니까? 또한 하늘에서는 어떤 음성이 들렸습니까?

베드로: 속되고 깨끗하지 아니한 것을 내가 결코 먹지 아니하였나이다.
하늘의 음성: 하나님께서 깨끗하게 하신 것을 네가 속되다 하지 말라

**3. 베드로가 복음의 말씀을 전할 때 말씀을 듣는 모든 사람들에게 무엇이 내려 왔습니까?** (행 10:44)

정답) 성령

**4. 성령이 이방인에게 임한 것을 확인한 베드로는 저들에게 무엇을 행했나요?**(행 10:47~48)

정답) 세례

**5. 베드로가 자신의 환상과 고넬료 가정에 있었던 사건을 예루살렘교회에 이야기하면서 어떤 결론을 내리게 되었나요? 아래 성경 구절에 괄호를 채워봅시다.**

그들이 이 말을 듣고 잠잠하여 하나님께 (영광)을 돌려 이르되 그러면 하나님께서 이방인에게도 생명 얻는 (회개)를 주셨도다 하니라(행 11:18)

**6. 이후 예루살렘 회의에서 이방인도 유대인과 동일하게 예수님의 은혜로 구원받게 된다는 사실을 결의하게 됩니다. 아래 말씀에서 주어가 누구를 의미하는지 보기에서 단어를 골라 괄호를 채워봅시다.**

[보기] 이방인 유대인 예수 구원

그러나 우리는 그들(이방인)이 우리(유대인)와 동일하게 주 (예수)의 은혜로 (구원)받는 줄 믿노라 하니라 (행 15:11)

[어떻게 가르칠까?]

복음의 전파 대상은 모든 민족입니다. 예수님은 사도들에게 예루살렘과 온 유대와 땅끝까지 이르러 내 증인이 되리라(행1:8) 말씀하셨고, 승천하시기 전에는 모든 민족으로 제자를 삼아 아버지와 아들과 성령의 이름으로 세례를 주고 분부한 모든 것을 가르쳐 지키게 하라(마28:18~20)고 명하셨습니다.
예수님 말씀대로 복음은 유대인들에게만 필요한 것이 아니라, 전 세계 모든 민족에게 필요한 것입니다.
하지만 여전히 유대인과 예루살렘에만 머물렀던 사도들에게 주님은 복음의 대상에 이방인들도 포함된다는 사실을 직접 체험시키십니다.

대표적인 사건이 바로 베드로의 환상과 이방인 백부장 고넬료와 그 가족에게 성령이 임하고 구원받은 사건입니다. 이를 통해 성령의 역사는 이방인에게서도 나타나고 이들도 성령의 능력으로 거듭날 수 있음을 체험하게 됩니다.
이처럼 이방인 고넬료와 그 가족이 구원받은 사건은 초대교회에서 처음 열린 예루살렘 회의에서 구원은 이방인에게도 동일하게 나타난다는 사실을 공표하게 됩니다.
"그러나 우리는 그들이 우리와 동일하게 주의 은혜로 구원받는 줄 믿노라 하니라" (행 15:11)

이번 과에서는 사도행전 10장 전장을 읽으며 그 내용을 이해하는 것이 중요한 포인트입니다. 10장의 내용을 읽고 질문에 제대로 답을 기록하도록 잘 지도하시고, 특별히 고넬료 가족의 구원사건을 통해 구원은 유대뿐만 아니라, 모든 민족이 그 대상임을 잘 설명해주세요.

[알고 넘어가기]

구원의 모든 것

다음은 구원에 관련된 성경 구절입니다. 성경 말씀을 찾아 괄호를 채워봅시다.

1. 인자가 온 것은 잃어버린 자를 찾아 (구원)하려 함이니라 (눅 19:10)

2. 하나님이 그 아들을 세상에 보내신 것은 세상을 (심판)하려 하심이 아니요 그로 말미암아 세상이 구원을 받게 하려 하심이라 (요 3:17)

3. 누구든지 주의 (이름)을 부르는 자는 구원을 받으리라 하였느니라 (행 2:21)

4. 다른 이로써는 (구원)을 받을 수 없나니 천하 사람 중에 구원을 받을 만한 다른 (이름)을 우리에게 주신 일이 없음이라 하였더라 (행 4:12)

5. 내가 (복음)을 부끄러워하지 아니하노니 이 (복음)은 모든 믿는 자에게 구원을 주시는 하나님의 능력이 됨이라 (롬 1:16)

## 나누고 실천하기

1. 나는 혹시 내 생각과 기준대로 전도의 대상을 제한한 적은 없었나요?

   **가이드** | 오늘 말씀에서 베드로가 고넬료를 만나기 전, 유대인으로서 이방인과 교제하는 것을 위법이라 생각했던 것처럼 나에게도 복음을 전할 때의 고정관념이나 기준은 없는지 생각해봅시다. 내가 좋아하지 않는 친구이거나 조금 몸이 불편한 친구, 혹은 왠지 복음을 전하면 거절당할 것 같아 보이는 친구, 그 외의 나만의 기준을 가지고 복음 전할 사람을 고르고 제한하고 아예 복음을 전하려는 시도조차 하지 않았는지 되돌아보도록 합시다. 복음을 전하게 하시는 분은 성령님이시고 그 사람의 마음을 변화시키시는 것도 성령님이십니다. 우리는 그저 예수님의 복음을 전하는 전달자일 뿐이지요. 우리의 생각이나 힘으로 할 수 있는 것은 아무것도 없음을 설명해주세요.

2. 내가 복음을 전해야 할 사람 3명을 적어보고 어떻게 복음을 전할지 방법도 생각해봅시다.

   **가이드** | 오늘 말씀을 배운 후에 내가 복음을 전해야 할 사람 3명을 적어보고 그들을 위해 어떤 노력과 방법으로 복음을 전할지 생각해보는 시간을 가져봅시다.

### 한줄 정리하기 · 한 과를 마치고 난 소감을 한줄로 기록해봅시다.

Lesson 6 | 최초의 순교자 스데반, 야고보

# 6. 내 영혼을 받아주옵소서

[공과 목표]

1. 스데반의 순교 사건과 야고보의 순교를 통해 복음 전파의 소명이 얼마나 귀한 것인지 알게 한다.
2. 다른 제자들과 달리 유일하게 순교 당하지 않고 마지막까지 문서 사역과 복음 전파의 사명을 감당한 사도 요한에 대해 알게 한다.

## 마음열기

[질문] 나에게 있어 내 목숨보다 소중한 것은 무엇인가요?

**설명** | 목숨보다 소중한 것은 무엇이 있을까요? 사람마다 소중한 것은 다르겠지만 소중한 것을 아끼고 사랑하는 마음은 다르지 않을 것입니다. 그리고 자신의 목숨보다 소중하게 생각하는 것은 그 사람의 인생에 있어서 무엇과도 바꿀 수 없는 가장 귀하고 가치있는 것이라 할 수 있습니다. 우리 친구들에게 가장 귀하고 가치있는 것은 무엇일까요? 그것은 누군가일 수도 있고 물건일 수도 있으며 추억이나 기억같은 눈에 보이지 않는 무형적인 것일 수도 있습니다. 친구들의 나눔을 들어주신 후에 오늘 말씀에 등장하는 예수님을 가장 사랑했던 스데반은 자신에게 가장 소중한 것을 지키기 위해 어떻게 했을지, 또한 예수님의 제자들은 어떻게 했을지 질문을 던져주시면서 과를 시작하시면 좋겠습니다.

## 말씀 살피기

주제 말씀을 깊이 묵상하고 아래 질문에 답을 해봅시다.
성경 본문이 길어도 천천히 정독하여 읽고 문제를 푸시기 바랍니다.

### 주제 말씀 | 행 7:54-60, 12:1-5

[사도행전 7장 54~60절]

[54]그들이 이 말을 듣고 마음에 찔려 그를 향하여 이를 갈거늘 [55]스데반이 성령 충만하여 하늘을 우러
러 주목하여 하나님의 영광과 및 예수께서 하나님 우편에 서신 것을 보고 [56]말하되 보라 하늘이 열리
고 인자가 하나님 우편에 서신 것을 보노라 한대 [57]그들이 큰 소리를 지르며 귀를 막고 일제히 그에게
달려들어 [58]성 밖으로 내치고 돌로 칠새 증인들이 옷을 벗어 사울이라 하는 청년의 발 앞에 두니라 [59]
그들이 돌로 스데반을 치니 스데반이 부르짖어 이르되 주 예수여 내 영혼을 받으시옵소서 하고 [60]무
릎을 꿇고 크게 불러 이르되 주여 이 죄를 그들에게 돌리지 마옵소서 이 말을 하고 자니라

[사도행전 12장 1~5절]

[1]그 때에 헤롯 왕이 손을 들어 교회 중에서 몇 사람을 해하려 하여 [2]요한의 형제 야고보를 칼로 죽이
니 [3]유대인들이 이 일을 기뻐하는 것을 보고 베드로도 잡으려 할새 때는 무교절 기간이라 [4]잡으매 옥
에 가두어 군인 넷씩인 네 패에게 맡겨 지키고 유월절 후에 백성 앞에 끌어 내고자 하더라 [5]이에 베드
로는 옥에 갇혔고 교회는 그를 위하여 간절히 하나님께 기도하더라

1. 스데반은 성령이 충만하여 무엇을 보았습니까? (행 7:55)

정답: 하나님의 영광과 예수님이 하나님 우편에 서신 것

2. 스데반의 설교를 듣던 자들이 어떤 행동을 하였는지 틀리게 말한 것에 동그라미를 쳐봅시다(행 7:57~58).

① 마음에 찔렸다 ② 큰 소리를 질렀다
③ 귀를 막았다 ④ 돌로 쳐 죽였다 ⑤ 기도했다

3. 스데반은 마지막에 어떤 기도를 하였습니까? (행 7:59~60) 괄호를 채워봅시다.
정답) 주 예수여 내 (영혼)을 받으시옵소서 (59절)
이 (죄)를 그들에게 돌리지 마옵소서 (60절)

4. 칼에 맞아 순교당한 사도는 누구인가요? (행 12:2)
정답) 요한의 형제 야고보

5. 베드로가 옥에 갇혔을 때 교회는 무엇을 하였나요? (행 12:5)
정답) 간절히 하나님께 기도했다.

[어떻게 가르칠까?]

이번 과에서는 평신도였던 스데반의 순교와 주님의 사도 야고보의 순교를 잘 설명해 주시고, 이런 순교의 피로 인해 복음은 더 견고히 세워지고, 확장되었음을 설명해주세요.
순교는 초대교회 뿐만 아니라 지금도 계속되고 있음을 알려주시며 특별히 지금도 이슬람권이나 아프리카 오지 같은 곳에서 목숨을 걸고 복음을 전하시는 선교사님들에 대한 이야기를 들려주세요.
하지만, 하나님은 다양한 방편으로 사용하십니다.
예수님 제자 중 사도 요한은 무수한 순교의 상황 속에서도 살아났고, 결국 하나님의 계시로 요한계시록을 기록하게 하셨습니다. 이 점을 잘 설명해주세요.

**티칭 포인트 | 최초의 평신도 집사 제도와 평신도 순교자 스데반**

당시 과부 구제가 원활히 되지 않자 사도들은 7명의 집사를 택해서 교회 사역을 효율적으로 감당하려 하였습니다.
그래서 12사도가 제자들에게 "너희 가운데, 즉 많은 성도들 가운데 성령과 지혜가 충만하고 칭찬받는 사람 일곱을 택하라."고 말합니다(행 6:3).
그런 교회의 필요에 의해 7명의 평신도 사역자인 집사를 세우게 됩니다.

당시 뽑혔던 일곱 집사 중에 브로고로, 니가르노 등은 예루살렘 교회의 헬라파 과부를 돕는 사역을 감당했고, 디몬은 예루살렘 교회에서 구제 사무를 맡아보았으며, 바메나는 특별히 드러난 직무는 없지만 분주히 사역을 잘 감당하였던 것 같습니다. 빌립은 특별히 전도에 달란트가 있었습니다. 그래서 주로 전도 사역을 감당했습니다. 그는 사도행전 8장에 에디오피아 내시를 회개시켜 세례를 주기도 하였습니다.
스데반은 평신도였지만 스데반에게는 말씀에 달란트가 있었습니다. 그래서 사도들처럼 말씀을 전했습니다. 때로는 성령의 권능으로 큰 이적을 행하기도 했습니다. 그는 예수님이 메시아임을 증거하다가 돌에 맞아 순교를 당합니다.
마지막 돌에 맞아 순교당하면서까지 예수님처럼 저들에게 죄를 넘기지 말 것을 기도합니다. 스데반의 순교는 예루살렘에만 머물던 복음이 주변으로 확장되는 결과를 낳았습니다. 일곱 집사는 믿음과 성령이 충만한 자를 뽑으라 했기에 모두 자격조건이 되었겠지만, 실제 6장의 말씀을 자세히 읽어보면 집사의 자격요건인 믿음과 성령이 충만한 사람은 오직 스데반 한 사람으로 기록하고 있습니다.

물론, 사도행전의 저자인 누가가 다음 번에 나올 스데반의 순교 사건을 기록하기 위해 의도적으로 스데반이라는 인물이 어떤 자인지 일종의 암시를 주기 위해 그렇게 기록했을 수도 있습니다.
5~6절 말씀에 "온 무리가 이 말을 기뻐하여 믿음과 성령이 충만한 사람 스데반과 또 빌립과 브로고로와 니가노르와 디몬과 바메나와 유대교에 입교했던 안디옥

사람 니골라를 택하여 사도들 앞에 세우니 사도들이 기도하고 그들에게 안수하니라"고 했습니다. 스데반은 평신도 사역자 중에서 가장 성령과 믿음이 충만한 자였음을 기록하고 있는 것입니다.

### 티칭 포인트 | 최초의 사도의 순교자 야고보

성경에는 야고보가 많이 등장합니다. 하지만 헤롯에 의해 칼에 맞아 순교한 야고보는 세베대와 살로메의 아들이자(마 27:56;막 1:19; 15:40) 사도 요한의 형제(마 17:1;막 3:17;5:37;행 12:2) 야고보입니다. 그는 예수님과는 사촌 간이자 베드로와 동업했던 어부였습니다(눅 5:10-11).

그는 다혈질에 불같은 성격의 소유자로서 사마리아인들이 예수님을 거부하자 하늘에서 불을 내려 멸하자고 예수님께 간청했다가 꾸지람을 듣기도 했습니다(눅 9:53-55). 그같은 성격 때문에 형제 요한과 함께 '보아너게' 곧 '우레의 아들'이라는 별명을 얻게 되기도 합니다(막 3:17).

그런 불같은 성격을 가지고 있었지만, 야고보는 예수님께 인정받아 늘 예수님과 동행했던 세 제자 중(베드로, 야고보, 요한) 한 사람이었습니다.

야고보는 변화산상(마 17:1-8)과 야이로의 딸을 살릴 때(막 5:37), 겟세마네 동산에서 기도하실 때(마 26:36-46) 등 예수님과 함께 늘 동행했었습니다.

예수님이 잡히실 때 다른 제자들과 마찬가지로 도망하기도 했으나(막 14:50), 부활하신 예수님을 만난 이후(요 21:1-2; 고전 15:5) 초대교회의 기둥 같은 역할을 감당했습니다(행 1:13). 그런데 안타깝게도 그는 초대교회 복음이 한창 전파되는 중요한 시점에 헤롯 아그립바 1세에 의해 살해됨으로써 열두 사도 중에 최초의 순교자가 되었습니다.

## 티칭 포인트 | 사도 요한(John the Apostle)

사도 요한은 예수님의 핵심적인 세 제자 가운데 한 사람이었습니다. 요한은 세베대와 살로메의 아들이며 칼에 맞아 순교한 야고보의 형제였습니다(마 4:21; 27:56; 막 15:40;행 12:1-2). 그의 직업은 어부였고, 베드로의 동업자로서 갈릴리 바다를 주 무대로 활동하였습니다(막 1:19-20; 눅 5:10; 요 1:44). 성격이 불 같아 예수님으로부터 '보아너게' 즉 천둥이란 별명을 들을 정도였습니다.

요한은 오순절 성령 강림 후에는 초대교회에서 베드로와 함께 활동하였습니다(행 3:1;4:22;8:14-17).

사도 요한의 가장 큰 특징은 처참히 순교당했던 예수님의 다른 제자들과 달리 마지막까지 장수를 누리며 목회 활동을 계속했다는 점입니다.

전승에 의하면, 사도 요한이 복음을 전하다 잡혀 펄펄 끓는 기름가마에 넣어 죽임 당할 뻔 했지만 죽지 않아 밧모섬으로 귀향을 보냈다고 전해집니다.

요한은 탁월한 문필가이기도 했습니다. 특히 요한복음은 전기적 특성을 가진 기록물이면서 문학적으로 인정받은 작품이기도 합니다.

그는 요한복음과 요한1·2·3서를 기록했고, 또 밧모섬으로 유배되었을 때 요한계시록을 썼습니다(계 1:1, 9).

이후, 전승에 따르면 밧모섬에서 나와 에베소에서 마지막 숨을 거두었다고 합니다. 그는 간접적으로 자신을 '예수의 사랑하는 자'로 묘사했는데(요 13:23;21:20), 그 같은 주님의 사랑으로 인해 인격과 성품이 변화되어 '사랑의 사도'라 일컬어질 정도로 사랑의 메신저로 교회를 섬겼습니다(요일 2:9-10;3:14-18;4:7-8, 20).

[알고 넘어가기]

순교당하지 않고 마지막까지 장수하며 주님의 사역을 감당한 사도 요한

1. 다음은 사도 요한의 내용입니다. 틀린 곳을 찾아 표시하고 맞는 답을 적어보세요.

요한의 직업은 세리였고, 그의 형제는 베드로였습니다.
요한은 주님의 신실한 사도로 인정받았지만, 성격이 불같아 예수님이 보아너게 즉 천둥이란 별병을 지어주실 정도였습니다. 하지만 성령충만함을 얻은 후 모든 성도들에게 인정받고 존경받는 사랑의 사도로 불리웠습니다. 또한 마태복음에서는 자신을 예수님의 사랑을 받는 자라 묘사하기도 하였습니다.
요한은 주님의 복음을 담대히 전하다 핍박을 받아 밧모섬에서 유배생활을 하게 되었는데 그곳에서 요한복음을 기록하였습니다.

틀린 곳 정답) 세리 -> 어부 베드로 -> 야고보
마태복음 -> 요한복음 요한복음 -> 요한계시록

2. 사도 요한이 기록한 다섯 가지의 성경 제목을 적어보세요.

정답) 요한복음, 요한 1서, 2서, 3서, 요한계시록

## 나누고 실천하기

1. 스데반의 모습을 바라볼 때, 우리는 어떠한 마음으로 복음을 전해야 할까요? 각자 생각을 나눠봅시다.

   **가이드** | 스데반은 자신의 목숨이 위험한 순간에서도 담대히 하나님의 말씀을 전했습니다. 그렇다고 하여 지금의 우리도 목숨을 아까워하지 말고 복음을 전해야 한다는 것이 아니라 목숨까지도 내놓을만한 간절함과 담대함으로 복음을 전해야 한다는 뜻이겠지요. 우리 친구들은 스데반의 모습을 보고 어떤 생각이 들었을지 함께 나눠보도록 합시다.

2. '양화진외국인선교사묘원' 홈페이지에 접속하여 외국인 선교사님들에 대한 이야기를 읽어보고 그 중 가장 인상깊었던 이야기를 바탕으로 독후감을 써봅시다.

   **가이드** | 인터넷 검색창에 '양화진외국인선교사묘원'을 검색한 후 홈페이지에 들어가서 화면 상단에 있는 '선교사처음이야기'라는 배너를 클릭하면 한국이라는 낯선 땅에 와서 복음 전하기에 힘쓴 외국인 선교사님들에 대한 설명이 자세히 나와 있습니다. 아이들이 직접 홈페이지를 방문하여 읽어보도록 하고 짧게라도 자신의 생각을 남겨볼 수 있도록 인도해주시길 바랍니다.

**한줄 정리하기** · 한 과를 마치고 난 소감을 한줄로 기록해봅시다.

Lesson 7 | 사울의 회심

# 7. 나는 죄인의 괴수였노라

[공과 목표]

1. 핍박자 사울이 어떻게 예수님을 만나고 거듭나게 되었는지 그 과정을 가르친다.
2. 바울의 생애에 대한 전반적인 사항을 알게 한다.

## 마음열기

[질문] 내가 생각하기에 어떤 사람이 예수님을 믿어야 한다고 생각하나요?

**설명** | 우리 친구들의 마음속에 예수님을 믿고 구원을 받을 수 있는 사람의 기준이 벌써 정해져있는 것은 아닌지 알아볼 수 있습니다. 또한 내가 미워하는 사람이 예수님을 믿는다면 어떤 기분이 들지 질문해보세요. 이 질문 하나로 친구들 마음에 구원의 기준이 무엇인지 살펴볼 수 있지요. 구원은 예수님을 믿는 누구에게나 주어집니다. 인간이 생각하는 나쁘고 못된 사람도 예수님을 믿으면 구원을 받게 되는 것이지요. 구원은 우리의 기준과 생각으로 정해지는 것이 아닙니다. 그러나 우리는 인간적인 기준과 생각에 갇혀 그 잣대로 모든 것을 판단하려고 할 때가 너무나 많습니다.

오늘 배울 말씀에서 바울도 인간적인 기준에서 보았을 때 정말 나쁘고 악한 사람이었습니다. 그러나 그가 예수님을 만난 이후로 전혀 새로운 사람으로 변하여 예수님을 전하는 복음의 전달자가 되었지요. 예수님을 믿기 전 바울과 예수님을 믿은 후의 바울의 모습을 비교해보면서 바울의 회심 이후 복음전파의 방향이 어떻게 바뀌게 되었는지 알아보는 시간을 가져봅시다.

## 말씀 살피기

주제 말씀을 깊이 묵상하고 아래 질문에 답을 해봅시다.

### 주제 말씀 | 행 9:1~19

1사울이 주의 제자들에 대하여 여전히 위협과 살기가 등등하여 대제사장에게 가서 2다메섹 여러 회당
에 가져갈 공문을 청하니 이는 만일 그 도를 따르는 사람을 만나면 남녀를 막론하고 결박하여 예루
살렘으로 잡아오려 함이라 3사울이 길을 가다가 다메섹에 가까이 이르더니 홀연히 하늘로부터 빛이
그를 둘러 비추는지라 4땅에 엎드러져 들으매 소리가 있어 이르시되 사울아 사울아 네가 어찌하여 나
를 박해하느냐 하시거늘 5대답하되 주여 누구시니이까 이르시되 나는 네가 박해하는 예수라 6너는
일어나 시내로 들어가라 네가 행할 것을 네게 이를 자가 있느니라 하시니 7같이 가던 사람들은 소리
만 듣고 아무도 보지 못하여 말을 못하고 서 있더라 8사울이 땅에서 일어나 눈은 떴으나 아무 것도 보
지 못하고 사람의 손에 끌려 다메섹으로 들어가서 9사흘 동안 보지 못하고 먹지도 마시지도 아니하
니라 10그 때에 다메섹에 아나니아라 하는 제자가 있더니 주께서 환상 중에 불러 이르시되 아나니아
야 하시거늘 대답하되 주여 내가 여기 있나이다 하니 11주께서 이르시되 일어나 직가라 하는 거리로
가서 유다의 집에서 다소 사람 사울이라 하는 사람을 찾으라 그가 기도하는 중이니라 12그가 아나니
아라 하는 사람이 들어와서 자기에게 안수하여 다시 보게 하는 것을 보았느니라 하시거늘 13아나니아
가 대답하되 주여 이 사람에 대하여 내가 여러 사람에게 듣사온즉 그가 예루살렘에서 주의 성도에게
적지 않은 해를 끼쳤다 하더니 14여기서도 주의 이름을 부르는 모든 사람을 결박할 권한을 대제사장
들에게서 받았나이다 하거늘 15주께서 이르시되 가라 이 사람은 내 이름을 이방인과 임금들과 이스라
엘 자손들에게 전하기 위하여 택한 나의 그릇이라 16그가 내 이름을 위하여 얼마나 고난을 받아야 할
것을 내가 그에게 보이리라 하시니 17아나니아가 떠나 그 집에 들어가서 그에게 안수하여 이르되 형
제 사울아 주 곧 네가 오는 길에서 나타나셨던 예수께서 나를 보내어 너로 다시 보게 하시고 성령으
로 충만하게 하신다 하니 18즉시 사울의 눈에서 비늘 같은 것이 벗어져 다시 보게 된지라 일어나 세례
를 받고 19음식을 먹으매 강건하여지니라

1. 사울이 다메섹에 간 이유가 무엇입니까? (2절)
정답: 예수님 믿는 자를 결박하여 예루살렘으로 데려오려고

2. 하늘로 빛이 비추일 때 사울은 땅에 엎드려져 예수님의 음성을 들었습니다. 아래 괄호에 공통된 단어를 찾아 기록해 봅시다. (4~5절)

예수님: 사울아 사울아 네가 어찌하여 나를 (박해)하느냐 (4절)
사울: 주여 누구시니이까 (5절)
예수님: 나는 네가 (박해)하는 예수라 (5절)

3. 사울의 눈을 뜨게 한 사람은 누구인가요? (17~18절)
또한 예수님은 사울이 앞으로 어떤 일을 감당할 자라 말씀하셨나요? (15절)

정답) 눈을 뜨게 한 사람: 아나니아
앞으로의 사울의 사명: 예수 이름을 이방인과 임금들과 이스라엘 자손들에게 전할 전도자

4. 사울은 눈이 먼 뒤 사흘 동안 보지 못하고 먹지도 마시지도 아니하였다 (9절) 고 기록하고 있고, 주님께서 아나니아에게 그가 기도하는 중이니라 (11절) 말씀하셨습니다. 사울은 왜 사흘 동안 먹지도 마시지도 아니하였을까요?
또한 사울은 어떤 기도를 했을지 서로의 생각을 이야기 해봅시다.

정답) 성경말씀과 바울의 성품, 또한 다메섹에서 예수님과의 강렬한 만남을 통해 사울이 식음을 전폐한 이유를 유추해보는 문제로, 어렵지 않게 답을 생각해볼 수 있습니다.
바울은 예수님 믿는 자들을 잡아 가두는 것이 하나님의 올바른 일이라 생각했고, 예수를 믿는자(정통 유대인들은 예수믿는 자를 '나사렛당'이라 하여 유대교의 또 다른 한 종파 정도로만 여겼다. 하지만 구약적 제사의 폐지와 제사장 제도 폐지 등을 주장했던 믿는자들의 주장에 이

단으로 내어 쫓기게 된다. 그 이후 믿는 자들은 자연스레 믿음의 공동체 안에서 성장하게 되었다.) 가 하나님의 일을 망치는 최대 적이라 생각했습니다.

바울이 사흘 동안 식음을 전폐한 이유가 될 수 있는 것은,
바울이 예수님을 만난 후, 큰 영적 충격에서 벗어나지 못했고 자신이 진정한 하나님의 일이라 생각했던 모든 것이 사실 하나님의 일을 가로막는 일이었음을 깨닫게 되었는데 그로 인한 막막함과 혼란스러움이 그 이유였을 것입니다.
또한 예수님을 만난 뒤 눈이 멀게 되었습니다. 그로 인한 공포 때문에 식음을 전폐했을 수도 있고 예수 그리스도가 진정한 메시야였는지 성경적으로 확인하는 다급한 마음에 밥먹을 겨를도 느끼지 못했을 수도 있습니다.
그리고 자신이 하나님을 위한 일을 한 게 아니라, 하나님의 일을 가로막는 일을 했다는 죄책감으로 인해 하나님께 간절히 회개기도를 드렸을 것입니다.
이런 복합적인 이유들이 사흘 동안 식음을 전폐한 이유가 될 수 있을 것입니다.

5. 다음 성경 구절은 바울이 위험이 있는 줄 알면서도 예루살렘으로 올라가야만 한다는 강한 의지가 담겨있는 말씀입니다. 정성껏 필사해 봅시다.

내가 달려갈 길과 주 예수께 받은 사명 곧 하나님의 은혜의 복음을 증언하는 일을 마치려 함에는 나의 생명조차 조금도 귀한 것으로 여기지 아니하노라 (행 20:24)

[어떻게 가르칠까?]
예수님을 진정으로 믿게 되면, 누구라도 자신의 모든 죄를 고백하며 회개하게 됩니다. 왜 그렇습니까? 예수님을 믿게 되면 이제껏 보이지 않던 것이 보이게 되고 느끼지 못했던 사실을 뼈져리게 통감하기 때문입니다. 예수님으로 인해 자신은 세상적 범죄를 저지르지 않았다 할지라도, 죄인이라는 사실을 먼저 자각하게 됩니다. 또한 이 죄는 자신의 능력으로 해결할 수 없음을 알게 되어 죄로 인해 비참한 자신의 모습을 발견하게 됩니다.

회개는 내 능력이나 감정적 변화로 되어지는 것이 아닙니다. 성령님께서 회개의 영을 불어넣어 주시며, 회개하도록 하십니다. 그런 과정을 통해 죄사함을 받고 예수님을 믿게 되면 구원에 이를 수 있고 그것을 우리는 거듭났다고 말합니다.
사도 바울도 마찬가지였습니다. 그는 예수믿는 자를 박해하고, 잡아 가두었던 자였지만, 다메섹에서 예수님을 만나 그의 인생은 열심있는 바리새인에서 복음을 전하는 주님의 사도로 거듭나게 되었습니다.
거듭난 이후, 자신은 죄인 중의 괴수라는 고백을 하고 예수님을 아는 지식이 가장 고상한 지식이라 고백하기도 합니다. 특별히 오늘 본문에서 바울의 회심 과정을 잘 설명해주시고, 거듭남의 의미를 잘 알려주세요.

[알고 넘어가기] 사도 바울의 A~Z

1. 바울의 일대기를 정리한 내용입니다. 괄호의 맞는 번호에 동그라미를 쳐봅시다.

바울은 베냐민지파 출신으로 (1. 작은 자 2. 큰 자)라는 뜻입니다.
그의 고향은 길리기아의 (1. 갈릴리 2. 다소 3. 에베소)이고 출생부터 로마 시민권자였습니다(행 22:25-28).
바울은 모세의 율법에 열심이었던 자로서(행 26:4-5), 당대 최고 유대 학자인 랍비인 (1. 가말리엘 2. 세례요한)에게서 수학하였습니다(행 22:3). 또한 바울은 철저한 바리새인이었습니다(행 23:6). 바울은 다메섹 성도들을 체포하기 위해 대제사장의 공문을 받아 다메섹으로 가던 도중 부활하신 주님을 만나 회심하게 됩니다(행 9:1-9;22:6-16;26:12-18).
그는 밝은 빛 앞에서 일순간 (1.청력 2.시력 3.미각)을 잃었으며, 그렇게도 핍박하던 예수 앞에 무너졌고, 그때 (1.이방인 2.유대인)을 위한 사도로서의 사명을 부여받게 됩니다(행 9:4-9;26:12-18;엡 3:1-8).
3년 후, 바울은 예루살렘으로 올라가서 베드로와 주의 형제 야고보만을 만났습니다(갈 1:18-19). 이후 바나바의 요청으로 최초의 이방인 교회인 (1.예루살렘교회 2.안디옥 교회)에서 공동 사역하게 됩니다(행 11:25-26).
또한 바나바의 요청으로 예루살렘 교회에 사도들의 인정을 받게 됩니다(갈 2:1-21).
이후 3차에 걸쳐 선교여행을 떠나 곳곳에 교회를 세웁니다.
이후 많은 성도들과 예언자들의 만류에도 불구하고 (1. 예루살렘 2.다메섹 3.갈릴리)에 올라가게 되고 이후 유대인들에게 체포되어(행 21:27-23:22) 가이사랴 빌립보에 이송되었다가(행 23:23-27) 황제에게 재판받기 위해 (1.에베소 2.로마)로 향하게 됩니다(행 25:1-26:32; 27:1-28:16). 바울은 로마에서 가택 연금 상태로 복음을 전하다 순교한 것으로 전해집니다.

**티칭 포인트** | 기독교의 모든 사상적 체계를 정리한 석학 바울

바울은 '작은 자', '작음'이란 뜻으로 베냐민 지파 출신으로서 순수 히브리인이며, 난 지 8일 만에 할례를 받고 유대교와 유대 전통에 정통했던 자 였습니다(롬 11:1; 고후 11:22;갈 1:14;빌 3:5-6).
그는 길리기아의 다소에서 태어났고(행 21:39; 22:3), 출생시부터 로마 시민권자였습니다(행 22:25-28). 히브리 본명은 '사울'이고 '바울'은 로마명입니다(행 7:58; 9:11;13:9).
그는 일평생 독신으로 주님의 복음을 위해 3차에 걸친 전도 여행을 떠나며, 회당에서 가르치고, 예수가 그리스도이시라는 것을 성경적으로 증명하였습니다.
또한 이방인 중심의 많은 교회를 세웠던 전도 사역자였습니다.
바울은 최초의 자비량 선교사이기도 합니다. 선교 사역 중 그는 천막 만드는 일을 생업으로 하여 자비 선교에 힘썼습니다(행 18:1-3; 고전 9:6-15).

바울이 다메섹에서 예수님을 만나기 전에는 유대 공회의 공회원이었고 모세의 율법에 열심이었던 자였으며(행 26:4-5), 당대 최고 유대 학자인 랍반 가말리엘 문하에서 수학하였습니다(행 22:3). 바울은 매우 엄격하게 교육을 받은 철저한 바리새인이요(행 23:6), 유대교를 신봉한 열심있는 광적인 신자였습니다(갈 1:14;빌 3:6).

그는 스데반 집사의 재판에도 입회하여 증인 역할을 했고 스데반의 처형을 마땅한 처사로 여겼습니다(행 7:58; 8:1, 3).

당시 바울은 유대교 내에서 실력과 야망(열심)을 겸비한 30세 전후의 젊은 지도층 인사로 촉망받고 있었을 것입니다. 그랬기에 그는 급성장하고 있는 기독교인(교회)을 박해하는 데 앞장섰습니다.

특히, 그는 성도들의 각 집에 들어가 남녀를 끌어다가 옥에 넘기는 등 교회를 잔멸하였던 자였습니다(행 8:3).

바울은 예루살렘 교회를 핍박하는 데 그치지 않고 다메섹 성도들을 체포하기 위해 대제사장의 공문을 받아 다메섹으로 가던 도중 밝은 대낮, 정오에 노상에서 부활하신 주님을 만나 회심하게 됩니다(행 9:1-9;22:6-16;26:12-18).

그는 밝은 빛 앞에서 일순간 시력을 잃었으며, 그렇게도 핍박하던 예수님 앞에 무너졌고, 그때 이방인을 위한 사도로서의 사명을 부여받게 됩니다(행 9:4-9; 26:12-18;엡 3:1-8).

다메섹 시내에서 주의 제자 아나니아를 만나 세례를 받고 성령의 충만함을 받아 시력을 회복하게 되었고(행 9:6-19) 다메섹에서 그리스도를 전파하다가(행 9:19-22), 유대인들의 핍박으로 그곳을 탈출하게 됩니다(행 9:23-25). 그후 아라비아로 가서 3년 동안 신앙훈련과 기도훈련을 받습니다(갈 1:17-18). 아라비아가 어디인지는 학자간에 의견이 분분합니다.

3년 후, 바울은 예루살렘으로 올라가서 베드로와 주의 형제 야고보만을 만났습니다(갈 1:18-19). 하지만 헬라파 유대인들의 음모로 그곳에 오래 머물 수 없었습니다(행 9:29-30). 그는 예루살렘에서 물러나 수리아와 길리기아 지역(바울의 고향)에서 약 10여 년의 시간을 보내다 그 후반부에 바나바의 부름을 받아 안디옥 교회에서 공동 사역하게 됩니다(행 11:25-26).

그리고 바나바의 신원 보증으로 예루살렘 교회 사도들의 인정을 받게 됩니다(갈 2:1-21). 바나바, 마가와 더불어 안디옥 교회로부터 선교사로 파송받고 1차 선교 여행에 나서게 됩니다(행 13:1-14:28). 그후 구브로 섬의 도시들, 소아시아의 버가, 이고니온, 루스드라, 더베 등지에서 선교합니다.
마가가 선교 여행 중에 중도하차한 것을 문제로 바나바와 결별하고 실라와 함께 2차 선교여행을 떠나게 됩니다(행 15:36-18:22). 소아시아를 거쳐 헬라, 마게도냐 지방의 빌립보, 데살로니가, 베뢰아, 아가야 지방의 아덴, 고린도 등지에서 선교하게 됩니다. 이후 3차 선교여행을 떠나게 되는데 이때 1, 2차 선교여행 때 세운 교회들을 돌아보며 에베소에서 3년 간 목회를 하게 됩니다(행 18:23-21:14).

이후 많은 성도들과 예언자들의 만류에도 불구하고 예루살렘에 올라가게 되고 이후 유대인들에게 체포되어(행 21:27-23:22) 가이사랴 빌립보에 이송되었다가(행 23:23-27) 황제에게 재판받기 위해 로마로 향하게 됩니다(행 25:1-26:32; 27:1-28:16). 로마에서 1차로 2년 간의 로마 옥중 생활을 마치고(이때 자유롭게 복음을 전할 수 있었음(행 28:30-31)), A.D. 63년경 잠시 석방되었습니다.

전승에 의하면 이때 바울은 서바나(스페인)에 가서 선교했으며 A.D. 64년경 로마 대화재로 인한 네로의 기독교인 박해가 극에 달한 때에 재차 체포되어 A.D. 67년경 로마 인근 오스티안 가도에서 순교당한 것으로 전해지고 있습니다.

## 티칭 포인트 | 신약 사건 연표

| | |
|---|---|
| B.C 4년 | 예수님 탄생 |
| A.D 5-10년 | 다소에서 바울 출생 |
| 26-36년 | 본디오 빌라도가 유대와 사마리아 총독 |
| 27년 | 세례요한의 활동, 예수님 세례받으심 |
| 30년 | 십자가에 죽으심, 부활, 승천 이후 성령강림 |
| 36-37년 | 스데반의 순교, 바울의 회심 |
| 45-49년 | 사도 바울의 1차 전도여행 |
| 50-52년 | 사도 바울의 2차 전도여행 - 데살로니가 집필 |
| 53-58년 | 사도바울의 3차 전도여행<br>- 갈라디아서, 고린도전후서, 빌레몬서, 빌립보서 집필 |
| 54-68년 | 네로 통치 |
| 58년 | 바울, 로마서 집필, 체포당함 |
| 60-61년 | 바울, 가이샤랴에서 로마 압송 |
| 64년 | 네로황제 로마시내 방화 |
| 64-68년 | 베드로, 바울의 순교(?) |
| 80년경 | 마태, 누가, 사도행전 집필 |
| 95년경 | 요한계시록 집필 |

* 년도는 다소 차이가 있을수 있습니다.

## 나누고 실천하기

1. 예수님을 믿고 변화된 바울이 자신을 '죄인 중에 괴수'라고 한 말의 의미는 무엇일까요? 함께 이야기 해봅시다.

   **가이드** | 예수님을 믿는 사람들을 핍박하던 바울이 예수님을 만나고 회심하게 된 후 자신을 죄인 중에 괴수라고 칭하며 자신은 지극히 작은 자라고 표현하고 있습니다. 이것은 예수님을 만나고 난 뒤 자신이 어떤 사람인지, 어떤 존재인지를 깨닫게 되고 반대로 그런 나를 구원하신 예수님의 구속의 은혜가 얼마나 큰지를 깨달았기 때문에 고백할 수 있는 말이라 생각됩니다. 친구들은 바울의 말을 어떻게 이해했는지 들어보시면서 우리 친구들 또한 진정으로 예수님의 대속의 은혜를 깨달아 주님 앞에 더욱 겸손히 나아가게 되기를 소망합니다.

2. 영화 <그리스도의 사도, 바울>이라는 영화를 본 후에 느낀점을 서로 나눠봅시다.

   **가이드** | 미리 유로사이트에서 영화를 다운받거나 그것이 어렵다면 유튜브에서 짧게 제공되는 영상을 보는 것도 괜찮습니다. 단, 짧은 영상이라도 선생님께서 미리 영상에 대한 내용을 숙지하신 후에 친구들에게 충분히 설명할 수 있도록 준비해주시길 바랍니다.

**한줄 정리하기** · 한 과를 마치고 난 소감을 한줄로 기록해봅시다.

Lesson 8 | 사도 바울의 1차 전도여행

# 8. 복음의 확장

[공과 목표]

1. 바울의 1차 전도 여행의 과정과 경로, 결과 등을 알게 한다.
2. 예루살렘 총회가 열리게 된 사건에 대해 알게 하고 예루살렘 회의를 통해 어떤 결과를 얻게 되었는지도 알게 한다.

## 마음열기

[질문] 나는 구원의 확신이 있나요?

**설명** | 우리 친구들은 구원의 확신이 있을까요? 구원이란 무엇이고 어떻게 하면 구원을 얻을 수 있을까요? 우리 친구들이 구원이라는 개념에 대해 잘 이해하고 있는지 점검해보고 혹시 잘 모른다면 선생님께서 잘 설명해주시길 바랍니다. 예수님께서 나의 죄를 대신하여 십자가에 못박혀 돌아가시고 3일 만에 다시 살아나신 것을 믿고 죄인인 우리가 십자가 대속의 은혜로 말미암아 의인이라 칭함을 받는다는 것, 또한 예수님을 믿기만 하면 구원을 얻을 수 있습니다. 오늘 배울 말씀에서는 구원을 받을 수 있는 방법에 대한 논쟁과 그에 대한 회의 장면이 등장합니다. 이번 시간을 통해 왜 이러한 논쟁이 생겨났고 어떠한 결과가 도출되었는지 함께 알아보면서 예수님의 구원의 은혜를 깊이 깨닫는 시간이 되길 바랍니다.

## 말씀 살피기

아래 지도는 바울의 1차 전도 여행의 경로입니다. 성경 말씀을 찾아 정답을 기록해보고 지도 중에 ○표가 있는 곳에 지명 이름을 기록해 봅시다.

1. 이고니온 회당에서 설교하며 전도할 때, 이방인과 유대인과 관리들이 돌로 치려할 때 어디 어디로 피해서 복음을 전했습니까? 또한 두 성 중 한 곳의 지명을 동그라미 안에 적어봅시다(행 14:1~7).

정답) 루가오니아의 두 성 루스드라와 더베

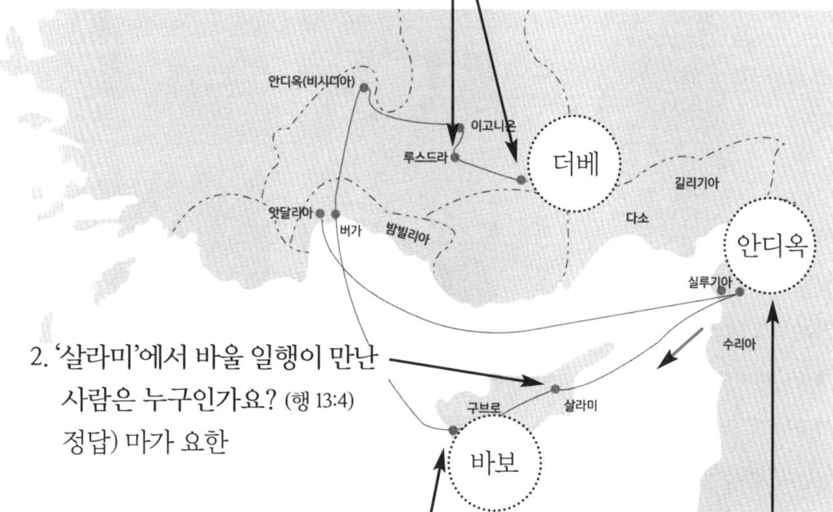


2. '살라미'에서 바울 일행이 만난 사람은 누구인가요? (행 13:4)
정답) 마가 요한

3. 서기오 바울 총독을 전도하려 할 때 훼방을 놓은 사람은 누구인가요? 또한 이 사람의 직업은 무엇이었나요? 이곳의 지명을 동그라미 안에 적어봅시다(행 13:6~8).
정답) 바예수, 마술사 지명: 바보

4. 안디옥 교회에서 안수받고 선교 여행을 떠난 두 사람은 누구입니까? 또한 이곳의 지명을 동그라미 안에 적어봅시다(행 13:1~4).
정답) 바울과 바나바 지명: 안디옥

5. 서기오 바울 총독이 예수 믿게된 사건은 무엇입니까? (행 13:11)

정답) 바예수가 바울의 말대로 맹인이되었기 때문에

6. 루스드라에서 바울이 나면서 걷지 못하던 자를 예수 이름으로 일으켜 세우자 무리들이 한 말은 무엇인가요? 또한 바울과 바나바를 무엇이라 불렀나요? (행14:11~12)

정답) 무리들이 한 말 : 신들이 사람의 형상으로 우리 가운데 내려오셨다

바나바는 제우스, 바울은 헤르메스라 말함.

7. 바울은 복음을 전하는 이유가 무엇이라 말했나요? (행 14:15)

정답) 헛된 일을 버리고 하나님께 돌아오게 하기 위함.

[어떻게 가르칠까?]

1차 전도 여행은 바울과 바나바가 중심이 되었습니다. 전반적인 1차 전도 여행의 과정을 지도로 잘 이해시키시고 어떤 사건들이 있었는지 잘 알려주세요. 무엇보다 1차 전도여행의 내용이 기록된 사도행전 13장 1절~15장 35절까지 읽어보도록 지도해주세요. 바울의 선교 여정을 이해시키는데 초점을 맞춰주세요.

**티칭 포인트** | 바울의 1차 전도 여행(행 13:1~15:35)

바울의 1차 전도 여행은 A.D 46-48년경이며 전도여행 기간은 약 2년입니다.

바울과 함께 동행했던 자는 바나바와 마가 요한이었습니다. 총 1600km정도 이동하였습니다.

바울은 안디옥교회에서 안수받고 선교 여행이 시작됩니다.

1차 선교 여행 처음에는 바나바가 리더가 되어 선교를 이끌어가는 듯 하지만, 어

느 순간, 바울이 모든 것을 주도하게 됩니다. 바울의 탁월한 리더십과 열심이 그 이유였을 것입니다. 1차 선교 여행은 구브로 섬을 거쳐 비시디아 안디옥과 이고니온, 루스드라 더베로 이어집니다. 돌아올 때는 왔던 도시들을 다시 재방문하여 교회를 굳게 합니다.

[바울의 1차 전도 여행의 주요 사건들]

바울과 바나바가 안디옥 교회에서 안수받고 떠남 (행 13:4)
살라미에서 마가요한을 만남 (행13:5)
박수 바예수의 훼방 (행13:8)
서기오 바울 총독이 예수 믿음 (행 13:11)
비시디아 안디옥에서 회당에서 설교하여 이방인을 전도함 유대인의 핍박으로 쫓겨남 (행13:14~)
이고니온에서 회당에서 설교하며 전도함. 돌로 치려함 (행14:1~)
루스드라와 더베 근방에서 전도함 앉은뱅이를 고침, 쓰스, 헤메 돌로 쳐서 버림(행14:6~)
더베에서 많은 제자를 삼고 돌아감 (행14:20~)

## [알고 넘어가기] 예루살렘 회의

주제 말씀을 깊이 묵상하고 아래 질문에 답을 해봅시다.

### 주제 말씀 | 행 15:1~21

1어떤 사람들이 유대로부터 내려와서 형제들을 가르치되 너희가 모세의 법대로 할례를 받
지 아니하면 능히 구원을 받지 못하리라 하니 2바울 및 바나바와 그들 사이에 적지 아니한
다툼과 변론이 일어난지라 형제들이 이 문제에 대하여 바울과 바나바와 및 그 중의 몇 사
람을 예루살렘에 있는 사도와 장로들에게 보내기로 작정하니라 3그들이 교회의 전송을
받고 베니게와 사마리아로 다니며 이방인들이 주께 돌아온 일을 말하여 형제들을 다 크
게 기쁘게 하더라 4예루살렘에 이르러 교회와 사도와 장로들에게 영접을 받고 하나님이
자기들과 함께 계셔 행하신 모든 일을 말하매 5바리새파 중에 어떤 믿는 사람들이 일어나
말하되 이방인에게 할례를 행하고 모세의 율법을 지키라 명하는 것이 마땅하다 하니라 6
사도와 장로들이 이 일을 의논하러 모여 7많은 변론이 있은 후에 베드로가 일어나 말하되
형제들아 너희도 알거니와 하나님이 이방인들로 내 입에서 복음의 말씀을 들어 믿게 하
시려고 오래 전부터 너희 가운데서 나를 택하시고 8또 마음을 아시는 하나님이 우리에게
와 같이 그들에게도 성령을 주어 증언하시고 9믿음으로 그들의 마음을 깨끗이 하사 그들
이나 우리나 차별하지 아니하셨느니라 10그런데 지금 너희가 어찌하여 하나님을 시험하
여 우리 조상과 우리도 능히 메지 못하던 멍에를 제자들의 목에 두려느냐 11그러나 우리는
그들이 우리와 동일하게 주 예수의 은혜로 구원 받는 줄을 믿노라 하니라 12온 무리가 가
만히 있어 바나바와 바울이 하나님께서 자기들로 말미암아 이방인 중에서 행하신 표적과
기사에 관하여 말하는 것을 듣더니 13말을 마치매 야고보가 대답하여 이르되 형제들아 내
말을 들으라 14하나님이 처음으로 이방인 중에서 자기 이름을 위할 백성을 취하시려고 그
들을 돌보신 것을 시므온이 말하였으니 15선지자들의 말씀이 이와 일치하도다 기록된 바
16이 후에 내가 돌아와서 다윗의 무너진 장막을 다시 지으며 또 그 허물어진 것을 다시 지
어 일으키리니 17이는 그 남은 사람들과 내 이름으로 일컬음을 받는 모든 이방인들로 주
를 찾게 하려 함이라 하셨으니 18즉 예로부터 이것을 알게 하시는 주의 말씀이라 함과 같
으니라 19그러므로 내 의견에는 이방인 중에서 하나님께로 돌아오는 자들을 괴롭게 하지
말고 20다만 우상의 더러운 것과 음행과 목매어 죽인 것과 피를 멀리하라고 편지하는 것이
옳으니 21이는 예로부터 각 성에서 모세를 전하는 자가 있어 안식일마다 회당에서 그 글
을 읽음이라 하더라

**1. 1~5절 말씀을 통해 예루살렘에서 어떤 구원의 논쟁이 일어났는가? 말씀을 찾아 읽고 질문에 답을 해봅시다**(행15:1~5).

유대인들의 주장 : 예수님을 믿어도 (모세 율법)을 지키고 (할례)를 받아야 구원받는다.

바울과 바나바의 주장 : 예수님만 온전한 믿음으로 믿으면 (이방인)도 구원받는다.

**2. 많은 논쟁이 있은 후 베드로는 어떻게 말했나요? 아래 성경 구절을 채워봅시다**(행 15:11).

정답:  ... 우리는 그들이 우리와 동일하게 주 예수의 (은혜)로 구원받는줄 믿노라..

**티칭 포인트** | 예루살렘 총회의 결의가 왜 중요한가?

예루살렘 총회에서 오직 예수 그리스도의 은혜로 누구나 구원받을 수 있다는 결의를 하게 됨으로 율법에 얽매인 유대인들의 주장에 반하는 결의를 하게 됩니다. 이런 결의는 베드로를 통한 고넬료 가족의 구원 사건이 한 증거가 되었고, 베드로의 증언과 야고보의 증언의 보증 형태의 발언으로 결의에 이르게 됩니다.

사도행전 15장 1~21절까지의 예루살렘 총회에 대한 기록은 A.D. 49년경 기독교 역사상 최초로 회집된 공의회로, 초대교회의 일종의 사도들의 회의라 볼 수 있습니다. 모임의 주축은 예루살렘 교회를 대표하는 야고보를 비롯한 사도들과 장로들이 안디옥 교회를 대표한 바울과 바나바를 맞이하여 개최하는 형식이었습니다. 예루살렘에 도착한 사도 바울은 우선 교회 지도자들에게 선교 보고를 통해 이방 선교에 성공한 사실을 납득시켰습니다(행 15:4;갈 2:2).

예루살렘 총회 소집 배경에 대해 사도행전 15장 1~29절과 갈라디아서 2장 1~10절 내용을 통해 그 정보를 얻을 수 있는데 사도 바울의 이방 선교는, 소아시아와 구브로 등지에서 많은 이방인 출신 개종자을 얻게 되었고 그로 인해 기독교의 확산이 가속화되었습니다.
그러던 중에 유대 출신의 한 지도자가 이방 지역에 있는 안디옥 교회에 와서, '이방인 개종자도 모세의 법대로 할례를 받지 않으면 구원을 얻지 못한다'는 유대주의적 신앙관을 가르치면서 교회 내에 혼란이 빚어지게 되었습니다(행 15:1).

따라서 교회 안에서 이방인의 위치와 이방인 개종자의 율법 준수(할례 문제를 포함한 각종 의식들(갈 2:12)) 문제, 그리고 그 문제들 속에 깃든 민족적 편견과 갈등은 시급히 해결되어야만 했습니다.
회의가 시작되자, 바리새파 출신 지도자 중에서 이방인 개종자들에게도 할례를 비롯한 유대주의적 풍습을 지키도록 하자는 주장이 제기되었고(행 15:5;갈 2:4), 이에 대해 사도들과 장로들은 장시간 심사숙고하게 됩니다(행 15:6).
많은 토론이 있은 후 사도 베드로가 일어나 이방인 개종자들에게 유대주의(율법)적 의무를 부과시키지 말자는 바울의 입장을 지지하게 됩니다(행 15:7-11).
이에 대해 바울과 바나바는 발언권을 얻어 자신들이 경험한 바 하나님께서 율법을 모르는 이방인들을 용납하셨다고 증거하게 되고(행 15:12;갈 2:5), 예루살렘 교회의 지도자 야고보는 선지자 아모스의 글(암 9:11-12)을 인용해 바울의 주장에 힘을 실어주게 됩니다(행 15:15-18).
그리하여 이방인 개종자는 할례를 받을 필요가 없지만 그렇다고 유대 출신 성도들의 감정을 상하게 하는 행위들은 삼가도록 한다는 결론에 이르렀고(행 15:20, 29;레 17:10-14;신 12:16, 23-25), 이에 온 교회가 그 결정에 순복하게 됩니다(행 15:22).

## 나누고 실천하기

1. 오직 예수님의 은혜로 누구나 구원을 받을 수 있다는 사실은 나에게 어떤 의미가 있습니까?

   **가이드** | 우리가 오직 예수님의 은혜로 구원받을 수 있다는 것은 죄인인 우리는 구원받을 수 있는 자격이 없는, 죄의 결과인 사망에 이르러야 할 마땅한 존재였지만 오직 예수 그리스도의 십자가의 은혜로 그분을 믿을 때 죄를 사함받고 영생을 얻을 수 있다는 말입니다. 우리가 본래 어떤 존재인지 깨닫고 있다면 예수님의 은혜를 더욱 깊이 깨닫게 되겠지요. 친구들 각자가 생각하는 의미는 모두 다를 것입니다. 친구들의 이야기를 모두 잘 들어주신 후에 예수님의 은혜가 왜 우리에게 귀하고 중요한 것인지 설명해주시길 바랍니다.

2. 우리가 값없이 받은 구원의 은혜에 감사하며 주변 사람들에게 은혜를 나눌 수 있는 방법을 생각해봅시다.

   **가이드** | 은혜는 플로잉(flowing) 되어야 합니다. 플로잉은 '흐르는, 물 흐르는 듯한'의 뜻을 가지고 있지요. 이렇듯 우리는 우리가 받은 은혜를 또 다른 누군가에게 흘려보낼 때, 그것은 계속해서 흐르고 흘러 끊임없이 흘러가게 될 것입니다. 먼저 내가 받은 은혜는 무엇인지 나누어본 후에 그것을 어떻게, 누구에게 플로잉할 수 있을지 생각해보는 시간을 가져보세요.

**한줄 정리하기** • 한 과를 마치고 난 소감을 한줄로 기록해봅시다.

Lesson 9 | 사도 바울의 2차 전도여행

# 9. 주 예수를 믿으라

[공과 목표]

1. 바울의 2차 전도 여행의 과정과 경로, 결과 등을 알게 한다.
2. 바울의 2차 전도 여행 중 기록된 성경에 대해 알게 한다.

## 마음열기

**[질문] 예수님은 나에게 어떤 분이신가요? 예수님을 생각했을 때 떠오르는 것들을 나눠봅시다.**

**설명** | 우리 친구들에게 예수님은 어떤 분이실까요? 친구들의 믿음이나 각자 느끼고 경험한 것들에 따라서 예수님을 보는 관점과 생각도 모두 다르겠지요. 어떤 아이들은 책에서 보았던 예수님의 모습을 떠올리면서 외형적인 것들을 설명할 수도 있고 어떤 아이들은 성경 말씀을 통해 깨달은 예수님의 성품과 사랑에 대해 설명할 수도 있습니다. 아이들이 나누는 예수님에 대해서 잘 들어보시고 나눔이 끝난 후에 선생님께서 예수님은 어떤 분이신지에 대해 정리해주시면 좋겠습니다.

## 말씀 살피기

아래 지도는 바울의 2차 전도여행의 경로입니다. 성경 말씀을 찾아 정답을 기록해보고 지도 중에 ○표가 있는 곳에 지명 이름을 기록해 봅시다.

1. 자색 옷감 장사 루디아가 예수를 믿고 세례를 받았는데 그곳이 어디입니까?
동그라미 안에 적어봅시다(행 16:11~15).
정답: 빌립보

2. 더베와 루스드라에서 바울과 함께 동행한 자는 누구며 그에게 행한 것은 무엇이었습니까?(행 16:1~5)
정답: 디모데, 할례

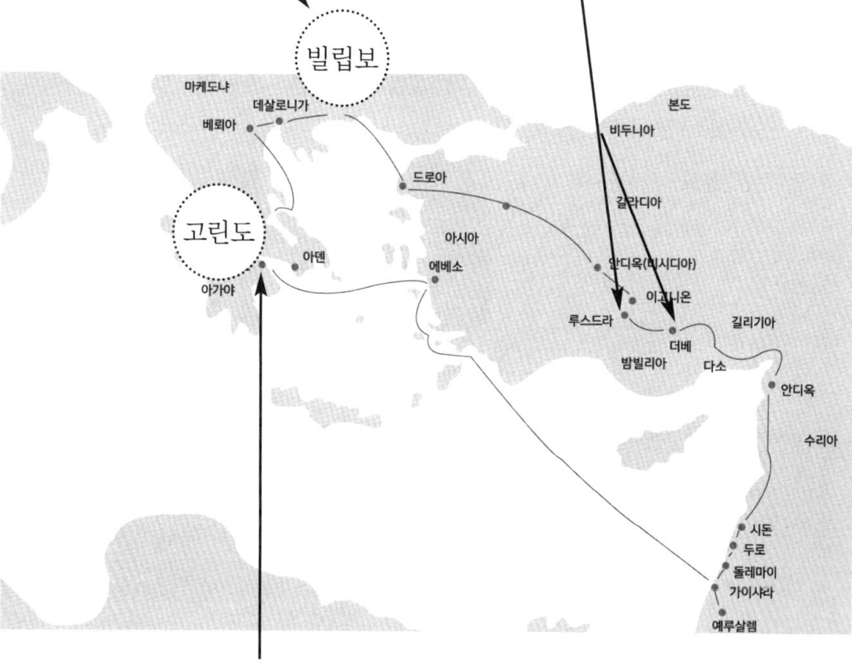


3. 바울은 어디서 브리스길라와 아굴라 부부를 만나게 되었습니까?
그곳의 지명을 동그라미 안에 적어봅시다.
또한 그 부부를 통해 바울이 함께 한 일은 무엇이었나요? (행 18:1~3)
정답: 고린도　　함께 한 일: 천막 만드는 일

**4. 바울과 바나바가 전도여행을 같이 떠나지 못한 이유가 무엇입니까?** (행 15:37~38)

정답) 바나바와 바울이 마가 요한의 문제로 심하게 다투어서

**5. 결국 바울은 2차 전도 여행에 누구와 함께 동행하게 되었습니까?** (행 15:40)

정답) 실라

**6. 바울은 루스드라에서 디모데를 만나게 되었는데 그는 어떤 자였습니까? 괄호를 채워봅시다**(행 16:1~2).

디모데의 어머니는 유대 여자이고 아버지는 (헬라인)이었습니다. 디모데는 루스드라와 이고니온에 있는 형제들에게 (칭찬)받는 자였습니다. 바울은 디모데를 데리고 선교 여행을 함께 합니다.

**7. 점치는 여종의 주인이 왜 바울과 실라를 고소하였습니까?** (행 16:19)

정답) 수익의 소망이 끊어졌기에

**8. 바울과 실라가 갇힌 감옥에서 큰 지진이 나고 사람들의 매인 것이 다 벗겨진 때, 바울과 실라는 무엇을 하고 있었습니까?** (행 16:25)

정답) 하나님께 기도하고 찬송하였다.

**9. 간수가 '내가 어떻게 해야 구원을 받을 수 있는지' 물었을 때 바울은 그 간수에게 무어라 말합니까?** (31절) **아래 바울의 대답을 정성껏 필사해봅시다.**

주예수를 믿으라 그리하면 너와 네집이 구원을 받으리라

**10. 베뢰아 사람들은 어떤 성품을 가지고 있었습니까?** (행 17:11)

정답) 간절한 마음으로 말씀을 받고 날마다 성경을 상고하였다.

11. 브리스길라와 아굴라 부부에 대한 내용입니다. 괄호에 맞는 번호를 찾아 동그라미를 쳐봅시다(행 18:1~3, 24~28).

브리스길라와 아굴라 부부는 로마에서 (1. 에베소 2.고린도)로 오게 되었는데 그곳에서 (1.디모데 2.바울)을 만나게 되었습니다.
이들의 생업은 (1. 어부 2.천막 만드는 자)였는데 바울은 이들 부부의 일을 도우며 복음을 전했습니다. 특별히 이 부부는 바울로부터 복음에 대해 많은 것을 배우게 되었는데, (1.아볼로 2.베드로)가 예수의 복음을 전할 때, 아굴라 부부는 하나님의 도를 더 정확하게 풀어 아볼로에게 가르쳐주기도 하였습니다.

**참고자료 |** 브리스길라와 아굴라 부부

'브리스길라'(행 18:2)는 '작은 노부인'이란 뜻이고 '아굴라'는 '독수리'란 뜻을 가지고 있습니다. 브리스길라는 유대 사람인 아굴라의 아내입니다.
로마 황제 글라우디오 때(A.D. 41-54년) 유대인 추방령이 내려지는데 이때 로마에서 추방되어 고린도로 이주했습니다(행 18:2). 그곳에서 천막 만드는 일을 업으로 삼았으며 2차 선교여행 때 고린도를 방문한 바울에게 거처를 제공하고 함께 천막을 만들며 복음 사역에 조력하였습니다(행 18:3).
이 일은 역사상 최초의 자비량 선교의 시작이었습니다.
그후 에베소로 건너가 지속적으로 바울의 전도 활동을 도왔고(행 18:18-19), 알렉산드리아 태생의 유대인 학자인 아볼로에게 복음의 진리를 전했습니다(행 18:24-26).
그후 글라우디오 황제가 죽자 다시 로마로 건너가 로마 교회를 섬겼습니다(롬 16:3).

[어떻게 가르칠까?]

2차 전도 여행에는 바울을 포함해 실라와 누가 그리고 디모데가 합류했습니다.
이들은 빌립보, 데살로니가, 베뢰아, 고린도, 아테네 등지를 방문하였습니다.

빌립보서, 고린도전후서, 데살로니가 전후서 등은 이 교회들을 대상으로 기록되었습니다. 전반적인 2차 전도여행의 과정을 지도로 잘 이해시키고 어떤 사건들이 있었는지 잘 지도해주세요. 특별히 2차 전도여행의 과정이 기록된 사도행전 15장 36절~18장 28절까지의 말씀을 읽고 잘 이해하도록 지도하세요.
무엇보다 바울의 선교 여정을 이해시키는데 초점을 맞춰주세요.

**티칭 포인트 |** 2차 선교 여행의 여정 (행 15:36~18:28)
바울의 2차 전도 여행은 A.D 51-53년경이며 전도 여행 기간은 약 3년입니다.
이 여행의 동행자는 바울과 실라였습니다. 그들은 총 3,000km정도 이동하였습니다. 2차 선교 여행의 처음에는 바울과 바나바가 중도에 선교를 포기하고 돌아가버린 마가를 동반하는 문제로 인해 큰 다툼을 하게 되고 결국 둘은 결별을 하게 됩니다. 하지만 이후 마가는 회개하고 다시 열심히 복음 사역에 힘을 씁니다. 또한 바울도 마가는 자기에게 굉장히 유익한 동료로 묘사하며 선의의 앙금은 사라집니다.
바울과 마가의 견해 차이로 인해, 바울은 실라와 함께 선교 여행을 떠나게 됩니다. 2차 선교 여행의 동행자는 바울과 실라, 디모데 그리고 성경에는 드러나지 않지만 누가가 함께했습니다. 2차 선교여행 당시 '우리' (행 16:11)라는 표현을 한 것으로 보아, 사도행전의 저자 누가가 합류했음을 알 수 있습니다.
2차 선교 여행에서 기억할 것은 바울은 실라와 함께 길리기아를 통과하여 소아시아의 서해안도시인 에베소, 서머나, 버가모등으로 가려했는데 성령께서 막으셨던 사실입니다(행 16:6).
이로 인해 이 모든 사역을 이끄시는 분은 성령님이심을 알 수 있습니다. 그래서 이들은 갈라디아와 부르기아 등 중부소아시아로 향합니다. 이때 디모데가 합류합니다. 이후 바울 일행은 마케도냐 빌립보성에 도착하고 유럽 최초의 빌립보 교회가 세워집니다(행 16:11~40).

[바울의 2차 전도여행의 주요 사건들]

더베와 루스드라에서 디모데 합류 (행 16:1~5)
예수의 영이 아시아로 가는 것을 막으심 (행 16:6)
바울이 마케노냐 사람의 환상을 봄 (행 16:8~10)
빌립보에서 자색 옷감 장사 루디아가 예수를 믿고 세례받음 (행 16:11~15)
귀신들린 여종을 고쳐주고 감옥에 갇힘, 간수와 가족이 구원받음 (행 16:16~40)
데살로니가 유대인 회당에서 성경강론함 (행 17:1~4)
유대인 시기로 바울 일행이 쫓겨남 (행 17:5~9)
베뢰아에서 전도함 (행 17:10~15)
아덴에서 철학자들과 쟁론 (행 17:16~34)
바울이 고린도에서 브리스길라 부부를 만남 (행 18:1~3)
회당장 그리스도보와 가족이 예수믿고 세례받음 (행 18:5~17)
바울일행이 안디옥으로 내려감 (행 18:18~23)
아볼로가 담대히 전도함. 브리스길라와 아굴라가 하나님의 도를 더 정확히 풀어 가르침 (행 18:24~28)

## 나누고 실천하기

1. 아래의 상자는 바울이 2차 전도여행을 하며 만난 사람들입니다. 오늘 배운 말씀을 바탕으로 그들과 관련된 일은 무엇이 있었는지 적어보며 오늘의 공과말씀을 정리해봅시다.

| | |
|---|---|
| 브리스길라 아굴라 부부 | 고린도에서 이들 부부를 만났고 바울은 함께 천막 만드는 일을 했다. |
| 실라 | 바울과 함께 2차 전도여행에 함께한 인물 |
| 디모데 | 루스드라에서 만남. 바울과 함께 선교여행을 함 |

**가이드** | 오늘 배운 내용을 인물중심으로 정리해보는 문제입니다. 우리 친구들이 먼저 스스로 정리해보도록 하고 부족한 점은 선생님께서 다시 한 번 설명해주시면서 정리해볼 수 있도록 인도해주세요.

2. 복음을 전하기 위해 힘썼던 바울처럼 우리도 복음을 전하는 복음의 전달자가 되기를 소망하며 내가 복음을 전하기 위해 버려야 할 것과 가져야 할 것은 무엇이 있는지 적어봅시다.

| 버려야 할 것 | 가져야 할 것 |
|---|---|
| | |

**가이드** | 내가 복음을 전하기 위해 버려야 할 것과 가져야 할 것들을 정리해보면서 우리 자신을 돌아보고 복음을 전하기로 결심해보는 시간을 가져봅시다.

### 한줄 정리하기 · 한 과를 마치고 난 소감을 한줄로 기록해봅시다.

Lesson 10 | 사도 바울의 3차 전도여행

# 10. 내가 달려갈 길과..

[공과 목표]

1. 바울의 3차 전도 여행의 과정과 경로, 결과 등을 알게 한다.
2 3차 전도 여행 중 기록된 성경에 대해 알게 한다.

## 마음열기

**[질문] 내 인생에서 이루고 싶은 일 세 가지를 골라보세요.**

**설명** | 우리 친구들이 인생에서 이루고 싶은 일은 무엇일까요? 이 질문이 어렵다면 질문을 이렇게 바꿔볼 수도 있습니다. "우리의 친구들의 꿈은 무엇이고 꿈을 이루고 싶은 이유는 무엇인가요?"

친구들의 환경, 생각, 영향에 따라서 다양한 나눔이 나올 것입니다. 혹여 우리 친구들의 인생의 목표가 아직 자신의 이익이나 세상적인 가치에 초점을 두고 있을 수 있겠지요. 그러나 이것을 조급하게 생각하기보다 친구들의 마음속에 계속해서 하나님의 말씀을 심어주시고 우리 친구들이 하나님을 더욱 인격적으로 만나 그분의 사랑을 깊이 체험할 수 있도록 중보해주세요. 사람의 마음은 우리가 아니라 하나님께서 움직이십니다. 그리고 친구들의 마음의 초점이 하나님께로 맞춰질 때, 친구들의 꿈과 인생의 목표도 변하게 될 것입니다. 오늘 말씀에 등장하는 바울을 통하여 거룩한 도전을 받는 시간이 되길 바랍니다.

## 말씀 살피기

아래 지도는 바울의 3차 전도 여행의 경로입니다. 성경 말씀을 찾아 정답을 기록해보고 지도 중에 ○표가 있는 곳에 지명 이름을 기록해 봅시다.

1. 에베소에 이르렀던 자로 언변이 좋고 성경에 능통한 자인데, 누구를 통해 하나님의 도를 더 정확하게 배웠습니까? (행 18:24~26)

정답 : 언변좋고 성경에 능통한 자 : 아볼로

하나님의 도를 더 정확히 가르친 자 : 브리스길라와 아굴라 부부

2. 바울은 이곳에서 에베소 장로들에게 청하여 유언같은 설교를 하게 됩니다. 이곳 지명은 어디입니까? 동그라미 안에 적어봅시다(행 20:17~24). 정답: 밀레도

위의 지도를 보고 관련된 질문의 답을 성경에서 찾아 빈칸을 채워봅시다.

**3. 바울이 에베소에서 전도할 때 제자들을 따로 세워서 날마다 말씀을 가르쳤던 곳이 어디입니까?** (행 19:9)

정답:두란노 서원

**4. 바울이 밀레도에서 에베소 장로들에게 한 설교입니다. 바울은 자신이 어떻게 하나님의 일을 감당했다고 말하고 있습니까? 아래 성경말씀을 찾아 괄호를 채워봅시다.**

곧 모든 (겸손)과 눈물이며 유대인의 간계로 말미암아 당한 시험을 참고 주를 섬긴 것과 유익한 것은 무엇이든지 공중 앞에서나 각 집에서나 거리낌이 없이 여러분에게 전하여 가르치고 유대인과 헬라인들에게 하나님께 대한 (회개)와 우리 주 예수 그리스도께 대한 믿음을 (증언)한 것이라 (행 20:19-21)

내가 달려갈 길과 주 예수께 받은 (사명) 곧 하나님의 은혜의 (복음)을 증언하는 일을 마치려 함에는 나의 (생명)조차 조금도 귀한 것으로 여기지 아니하노라 (행 20:24)

**5. 바울이 예루살렘에서 체포된 이유는 무엇입니까?** (28-29절)

정답:헬라인을 데리고 성전에 들어가 거룩한 곳을 더럽혔다는 이유로

**6. 유대인이 바울을 죽이려 할 때 누구의 도움으로 죽음을 모면할 수 있었습니까?** (31~32절)

정답:천부장과 군인들

[어떻게 가르칠까?]

이번 3차 전도 여행에서 바울은 에베소로 향합니다. 그리고 그리스를 거쳐 다시 예루살렘으로 돌아왔고 예루살렘에서 체포되어 로마로 압송됩니다. 바울은 로마에서 가택 연금 상태로 지내면서 복음을 전하였습니다.
전반적인 3차 전도 여행의 과정을 지도로 잘 이해시키고 어떤 사건들이 있었는지 지도해주세요. 하지만, 바울의 선교 여정을 이해시키는데 초점을 맞춰주세요. 특별히 3차 전도여행의 여정이 기록된 사도행전 18장 23절~21장 16절 말씀을 읽고 선교 여정의 내용을 잘 이해시켜 주시기 바랍니다.

**티칭 포인트** | 바울의 3차 전도 여행의 주요 사건들 (행 18:23~21:16)

바울의 3차 전도 여행은 A.D 54-57년경이며 전도 여행 기간은 약 4년입니다.
이 여행의 동행자는 바울과 디모데였습니다. 그들이 이동한 총 거리는 약 4,000km정도 입니다.

[바울의 3차 전도 여행의 주요 사건들]

갈라디아, 부르기아 제자들을 굳게함 (18:23)
아볼로를 만나 고린도에서보냄 (18:24~)
에베소에서 2년 이상 유하며 말씀을 가르침 (19:1~)
데메드리오의 소동이 있음 (19:23)
3개월간 마케도냐, 헬라에 유하며 제자들을 굳게 함 (20:1~)
밀레도에서 에베소 장로들을 청하여 유언같은 설교를 함 (20:17~)
빌립의 집에 머물다 권함을 듣지않고 예루살렘으로 감 (21:8~)
3차 전도 여행 후 예루살렘에서 유대인들에게 붙들림.
유대인들에게 변명하고 공회에서 변명함.
가이샤라로 호송되어 총독벨릭스, 베스도, 아그립바왕 앞에서 변명함 (21:17~26:32)

[알고 넘어가기]

3차 전도 여행 때 기록된 성경

1. 로마서에 기록된 중요 말씀을 정성껏 필사해 봅시다.

복음에는 하나님의 의가 나타나서 믿음으로 믿음에 이르게 하나니 기록된 바 오직 의인은 믿음으로 말미암아 살리라 함과 같으니라(롬1:18)

2. 고린도 전・후서에 대한 내용 중 틀린 것에 ○표 하세요.

① 바울의 3차 전도여행 무렵에 기록되었다.

② 고린도교회에 당면한 문제를 바울이 신앙적으로 답변한 편지글이다.

③ 고린도교회에 보낸 편지인 만큼, 편지 수신자는 고린도교회 성도들로 한정된 글이다.

④ 고린도전서는 주로 교회가 당면하고 있는 신앙적인 문제에 대한 답변과 신앙적 권면을 주로 기록하였고, 고린도후서는 바울의 사도권에 대한 변증과 거짓 이단들을 경계하며 어려움에 처한 교회를 돕기 위해 자발적으로 헌금해주길 권면하는 내용이 담겨있다.

[어떻게 가르칠까?]

로마서는 반지에 다이아몬드와 같은 장구한 하나님의 구속사와 구원의 과정이 담겨있습니다. 모든 기독론의 중심이 이 로마서 안에 있어 매우 중요한 말씀입니다. 고린도전후서는 고린도교회의 여러가지 현안 문제를 기록함으로 복음이 확장되고 교회가 부흥되면서 생기는 여러가지 문제와 교리적 문제를 잘 설명해주고 있습니다.

2번에서 고린도교회에 보낸 편지이기에 고린도교회 현안 문제를 담고 있지만, 이 시대의 모든 교회와 성도들에게 필요한 내용들을 담고 있어서 고린도교회 성도들로 한정된 글이라고 볼 수는 없습니다.

로마서와 고린도 전후서의 전반적인 편지의 내용과 쓰여지게 된 배경을 잘 이해시켜주세요.

**티칭 포인트** | 로마서와 고린도 전후서에 대해

로마서는 3차 전도여행을 끝마칠 무렵인 A.D 57년경 바울이 기록하였습니다. 기록장소는 바울이 석달동안 헬라에 머물러 있었는데 그때 편지 전달자로 겐그레아(고린도 항구 도시)교회의 여집사인 뵈뵈를 추천한 점으로 보아(16:1), 이 편지가 기록된 곳은 고린도임을 알 수 있습니다.
브리스길라와 아굴라 부부를 통해 로마교회 성도들의 이야기를 많이 들었던 바울은 로마의 기독교들과 유대인과 이방인들을 대상으로 로마서를 기록하게 되었습니다. 로마서의 내용은 첫째, 스페인 선교와 관련해 앞으로 있을 로마교회 방문을 미리 준비하기 위해 기록했고, 또한 사도들에게 체계적인 가르침을 받아본 적 없는 로마교회에 하나님의 구원의 기본 구조를 설명하기 위함이었습니다. 또한 당시 율법주의 사고에 빠져있던 유대 그리스도인들을 권면하기 위해 기록하였습니다.

[고린도전후서]
바울이 3차 전도 여행 중인 A.D 55년 오순절 때까지 에베소에 머물며 고린도교회에 첫 번째 편지를 쓴 후(고전 16:5-8) 에베소를 떠나 드로아를 거쳐 마게도냐를 들어갔습니다. (고후 2:12~13). 이후 마게도냐에 머물면서 고린도후서를 써보냈습니다. (2:13, 7:5, 8:1)
기록된 장소로 고린도전서는 에베소, 고린도후서는 마케도냐에서 기록하였습니다. 고린도전서는 당시 고린도 교회가 당면하고 있는 여러가지 문제들과 고린도 교회 성도들이 안고 있는 의문점들에 대해 신앙적 답변과 교훈을 주기 위해 기록하였고, 고린도후서는 바울이 자신의 사도권을 변증함으로 거짓 교사의 악한 선동을 물리치고, 자신에 대한 고린도 교회 성도들의 모든 오해를 풀기 위해 기록하였습니다. 또한 기근을 당한 예루살렘교회의 헌금을 모금하기 위해 기록하였습니다.

## 나누고 실천하기

1. 오늘 공과내용 중에서 바울이 했던 말을 다시 한 번 묵상해보며 느낀 점을 적어보고 함께 발표해보는 시간을 가져봅시다.

> "내가 달려갈 길과 주 예수께 받은 사명 곧 하나님의 은혜의 복음을 증언하는 일을 마치려 함에는 나의 생명조차 조금도 귀한 것으로 여기지 아니하노라" (행 20:24)

**가이드** | 바울이 장로들을 불러 설교를 할 때 했던 말씀 중에 한 구절입니다. 친구들에 따라 이 구절이 주는 의미는 조금씩 다르겠지만 이 구절을 통해 예수님을 믿는 우리에게 복음이 얼마나 귀한 것인지 깨달을 수 있을 것입니다. 우리 친구들에게 묵상할 시간을 주시고 각자 느낀 점을 적은 후, 함께 묵상한 것을 나누며 모임 가운데 하나님의 은혜가 더욱 풍성해지는 시간이 되길 소망합니다.

2. 나는 예수님을 얼마나 사랑하고 있을까요? 예수님을 사랑하는 마음을 자유롭게 표현해봅시다.
(예- 노래, 춤 동작, 시 낭독, 손유희, 말 등으로 표현해볼 수 있습니다)

**가이드** | 친구들 마음 속에는 각자 예수님을 사랑하는 마음이 있을 것입니다. 그러나 그것을 친구들 앞에서 표현하는 것이란 결코 쉬운 일은 아니지요. 그래도 선생님께서 먼저 시범을 보여주시면서 아이들이 예수님을 향한 사랑의 마음을 서툴더라도 표현해보도록 합시다. 이러한 과정을 통해 아이들의 마음 속에 예수님의 사랑이 더욱 깊어지게 되기를 바랍니다.

### 한줄 정리하기 · 한 과를 마치고 난 소감을 한줄로 기록해봅시다.

Lesson 11 | 사도 바울의 로마행

# 11. 담대하게 거침없이

[공과 목표]

1. 바울이 예루살렘에서 체포되어 마지막 로마에서 복음을 전파하는 과정까지를 잘 설명한다.
2. 목회 서신에 대해 알게 한다.

## 마음열기

**[질문] 나는 전도해본 적이 있나요? 있다면 어떻게 전도했었는지 경험담을 나눠봅시다.**

**설명** | 믿지 않는 사람에게 예수님의 사랑을 전하는 일은 쉽지만 참 어려운 일인 것 같습니다. 특히 요즘처럼 기독교에 대해 부정적인 시각을 가지고 있는 시대에는 더욱 그렇지요. 그럼에도 믿지 않는 사람들에게 담대히 예수님의 대해, 복음에 대해 전해본 적이 있는지 나눠봅시다. 그리고 어떻게 전했었는지 친구들과 함께 실제로 상황극을 하며 나눠보는 것도 좋겠습니다.

친구들의 나눔이 끝난 후에는 복음을 전하는 것은 우리의 힘으로 하는 것이 아니라 성령님께서 인도하심으로 할 수 있음을 이야기해주시고 또한 예수님을 전하는 사람으로서 우리의 모습은 어떠해야 할지도 함께 생각해보도록 질문을 던져주시면 좋을 것 같습니다.

## 말씀 살피기

주제 말씀을 깊이 묵상하고 아래 질문에 답을 해봅시다.

### 주제 말씀 | 행 26:1~32

1아그립바가 바울에게 이르되 너를 위하여 말하기를 네게 허락하노라 하니 이에 바울이 손을 들어 변명하되 2아그
립바 왕이여 유대인이 고발하는 모든 일을 오늘 당신 앞에서 변명하게 된 것을 다행히 여기나이다 3특히 당신이 유
대인의 모든 풍속과 문제를 아심이니이다 그러므로 내 말을 너그러이 들으시기를 바라나이다 4내가 처음부터 내
민족과 더불어 예루살렘에서 젊었을 때 생활한 상황을 유대인이 다 아는 바라 5일찍부터 나를 알았으니 그들이 증
언하려 하면 내가 우리 종교의 가장 엄한 파를 따라 바리새인의 생활을 하였다고 할 것이라 6이제도 여기 서서 심문
받는 것은 하나님이 우리 조상에게 약속하신 것을 바라는 까닭이니 7이 약속은 우리 열두 지파가 밤낮으로 간절히
하나님을 받들어 섬김으로 얻기를 바라는 바인데 아그립바 왕이여 이 소망으로 말미암아 내가 유대인들에게 고소
를 당하는 것이니이다 8당신들은 하나님이 죽은 사람을 살리심을 어찌하여 못 믿을 것으로 여기나이까 9나도 나사
렛 예수의 이름을 대적하여 많은 일을 행하여야 될 줄 스스로 생각하고 10예루살렘에서 이런 일을 행하여 대제사장
들에게서 권한을 받아 가지고 많은 성도를 옥에 가두며 또 죽일 때에 내가 찬성 투표를 하였고 11또 모든 회당에서
여러 번 형벌하여 강제로 모독하는 말을 하게 하고 그들에 대하여 심히 격분하여 외국 성에까지 가서 박해하였고 12
그 일로 대제사장들의 권한과 위임을 받고 다메섹으로 갔나이다 13왕이여 정오가 되어 길에서 보니 하늘로부터 해
보다 더 밝은 빛이 나와 내 동행들을 둘러 비추는지라 14우리가 다 땅에 엎드러지매 내가 소리를 들으니 히브리 말
로 이르되 사울아 사울아 네가 어찌하여 나를 박해하느냐 가시채를 뒷발질하기가 네게 고생이니라 15내가 대답하되
주님 누구시니이까 주께서 이르시되 나는 네가 박해하는 예수라 16일어나 너의 발로 서라 내가 네게 나타난 것은 곧
네가 나를 본 일과 장차 내가 네게 나타날 일에 너로 종과 증인을 삼으려 함이니 17이스라엘과 이방인들에게서 내가
너를 구원하여 그들에게 보내어 18그 눈을 뜨게 하여 어둠에서 빛으로, 사탄의 권세에서 하나님께로 돌아오게 하고
죄 사함과 나를 믿어 거룩하게 된 무리 가운데서 기업을 얻게 하리라 하더이다 19아그립바 왕이여 그러므로 하늘에
서 보이신 것을 내가 거스르지 아니하고 20먼저 다메섹과 예루살렘에 있는 사람과 유대 온 땅과 이방인에게까지 회
개하고 하나님께로 돌아와서 회개에 합당한 일을 하라 전하므로 21유대인들이 성전에서 나를 잡아 죽이고자 하였
으나 22하나님의 도우심을 받아 내가 오늘까지 서서 높고 낮은 사람 앞에서 증언하는 것은 선지자들과 모세가 반드
시 되리라고 말한 것밖에 없으니 23곧 그리스도가 고난을 받으실 것과 죽은 자 가운데서 먼저 다시 살아나사 이스라
엘과 이방인들에게 빛을 전하시리라 함이니이다 하니라 24바울이 이같이 변명하매 베스도가 크게 소리 내어 이르
되 바울아 네가 미쳤도다 네 많은 학문이 너를 미치게 한다 하니 25바울이 이르되 베스도 각하여 내가 미친 것이 아
니요 참되고 온전한 말을 하나이다 26왕께서는 이 일을 아시기로 내가 왕께 담대히 말하노니 이 일에 하나라도 아시
지 못함이 없는 줄 믿나이다 이 일은 한쪽 구석에서 행한 것이 아니니이다 27아그립바 왕이여 선지자를 믿으시나이
까 믿으시는 줄 아나이다 28아그립바가 바울에게 이르되 네가 적은 말로 나를 권하여 그리스도인이 되게 하려 하는
도다 29바울이 이르되 말이 적으나 많으나 당신뿐만 아니라 오늘 내 말을 듣는 모든 사람도 다 이렇게 결박된 것 외
에는 나와 같이 되기를 하나님께 원하나이다 하니라 30왕과 총독과 버니게와 그 함께 앉은 사람들이 다 일어나서 31
물러가 서로 말하되 이 사람은 사형이나 결박을 당할 만한 행위가 없다 하더라 32이에 아그립바가 베스도에게 이르
되 이 사람이 만일 가이사에게 상소하지 아니하였더라면 석방될 수 있을 뻔하였다 하니라

**1. 바울이 로마 황제의 재판을 받으러 행한 로마행의 여정에 대한 부분입니다. 괄호를 채워봅시다.**

바울이 배를 타고 로마로 항해한 기간은 A.D 60-62년경이며 기간은 약 2년입니다. 이 여행의 동행자는 백부장으로 이들은 약 1,500km정도 이동하였습니다. 로마에 도착해서는 비록 죄수의 신분이었지만, (2년)간 자기 셋집에 머물면서 복음을 전파할 수 있었습니다(행 28:30).

**2 바울은 아그립바왕과 베스도에게 심문받을 때, 자신을 변호하기보다 왕에게 복음을 전합니다. 그때 베스도는 바울에게 무어라 말합니까?** (행 26:24)

정답) 네 많은 학문이 너를 미치게 했다.

**3. 그때 바울은 베스도에게 어떤 대답을 했습니까?** (행 26:25)

정답) 미친 것이 아니라 참 되고 온전한 말을 한 것이라 말함.

또한 자신이 결박된 것 외에는 나와 같이 되기를 원한다 말함(29절).

**4. 바울이 로마황제에게 재판을 받겠다고 한 이유는 무엇입니까?** (행 26:23, 30~32) **말씀을 참고하여 아래 괄호를 채워봅시다.**

바울은 그리스도가 고난받으실 것과 죽은 자 가운데서 다시 살아나셔서 이스라엘과 이방인들에게 빛을 전하라는 사명을 받았다고 말하고 있습니다(23절).

이런 사명을 부여받은 바울은 재판을 통해 로마에 가서 (복음)을 전하기 위함이었습니다.

**5. 바울은 로마에서도 마지막까지 주님의 일을 감당했습니다. 어떻게 주님의 일을 감당했습니까? 아래 말씀에 빈칸을 채워봅시다.**

하나님의 나라를 (전파)하며 주 예수 그리스도에 관한 모든 것을 (담대)하게 (거침)없이 가르치더라 (행 28:31)

[어떻게 가르칠까?]

바울이 예루살렘으로 올라가려 할 때 아가보 같은 많은 예언자들과 성도들이 바울이 예루살렘으로 오르는 것을 반대하였습니다. 그곳에 올라가면 결박당하고 고난당할 것이라 말하며 만류하였습니다. 하지만 바울은 이에 굴하지 않고, 주님의 은혜의 복음을 전하기 위해서는 자신의 생명조차 귀하게 여기지 않겠다(행 20:24)는 굳은 마음으로 예루살렘에 올라갑니다. 결국 바울은 예루살렘에 올라갔고, 얼마 지나지 않아 결박당하고 체포당합니다.

하지만, 자신의 무죄됨을 변론할 상황 속에서도 바울은 아그립바왕과 베스도에게 복음을 전하는 모습을 보게 됩니다.

공과 시간에 모든 것을 다 가르칠 수 없겠지만, 바울의 이런 복음 전파의 열정을 통해서 복음을 증거하는 일이 얼마나 귀한 일인지 잘 알려주세요.

또한 예루살렘에서 바울의 결박당한 일이 결국에 바울을 로마로 이끄시려는 하나님의 계획이었음을 알게 해주세요. 풀려날 수도 있었던 상황에서 바울은 로마 시민권자라는 이유를 들어 황제 앞에서 재판받겠다며 주장을 굽히지 않았고, 결국 그의 주장대로 로마로 향하게 됩니다. 그리고 로마에 가서 재판이 이뤄지기 전에 일종의 가택 연금 상태에서 2년간 담대히 복음을 전합니다.

**티칭 포인트** | 바울의 로마행 여정

바울이 아그립바 왕에게 전도함 (행 26:1~32)
백부장 율리오의 호송 하에 이탈리아로 떠남 (행 27:1~)
알렉산드리아 배로 나누어 타게 됨. (행 27:6~)
바울이 항해하지 말 것을 권하나 듣지 않음 (행 27:9~)
광풍을 만나 배의 모든 것을 버리고 떠밀려감. 바울이 안심시킴. (행 27:14~)
바울이 독사에게 물리고도 무사함. 보블리오의 부친의 병을 고침 (행 28:1~)
바울의 로마행(행 27:1-28:31)

[알고 넘어가기2] 목회서신

아래의 괄호를 채워봅시다.

1. 신약성경중 목회서신은 디(도서)와 디모데 전후서입니다.

2. 아래 성경말씀에 괄호를 채워 봅시다.

또 어려서부터 성경을 알았나니 성경은 능히 너로 하여금 그리스도 (예수) 안에 있는 믿음으로 말미암아 구원에 이르는 지혜가 있게 하느니라 모든 성경은 하나님의 (감동)으로 된 것으로 교훈과 (책망)과 바르게 함과 의로 교육하기에 유익하니 이는 하나님의 사람으로 (온전)하게 하며 모든 선한 일을 행할 능력을 갖추게 하려 함이라(딤후 4:15~17)

3.아래는 누구를 말하고 있는지 그 사람의 이름을 적어봅시다.

(디모데)는 '하나님을 공경하는 자'란 뜻입니다. 그는 루스드라 출신으로 그의 아버지는 헬라인이고, 어머니 유니게였습니다. 또한 그는 어릴 적부터 외할머니 로이스를 통해 신앙을 배웠습니다(행 16:1-3; 딤후 1:5). 비록 나이가 어리고 소심했지만, 열심있는 목회활동으로 (바울)의 신임을 받는 신실한 청년이었습니다.

정답) 디모데

[어떻게 가르칠까?]

목회서신이 무엇인지 알려주시고, 디도서와 디모데 전후서의 전반적인 편지의 내용과 쓰여지게 된 배경을 잘 이해시켜주세요.

[디도서와 디모데전후서]

디도서는 A.D.63~65년경 그리스나 마케도냐에서 기록했습니다. 기록 목적은 바울이 디도와 함께 그레데 섬을 전도한 적이 있었는데 디도를 그레데에 남겨 두어 신자들의 모임을 책임지게 하였습니다. 당시 그레데의 교회는 행정적으로 조직화되지 못하였고, 교회 안에 유대주의적 성격이 강한 이단들의 가르침이 있었습니다. 이러한 이단의 가르침은 사도의 올바른 가르침을 흐리게 하였는데 이런 상황에서 바울은 교회에서 목회하는 디도에게 목회사역의 지침을 주었습니다. 디모데전서는 A.D.62년경으로 로마감옥에서 풀려난 바울이 전도여행을 다시 떠났는데 그때 디모데전서를 기록하였습니다. 디모데후서는 로마감옥에서 기록했습니다. 이 편지의 대상은 목회활동을 하고 있는 아들같은 디모데에게 예수님의 선한 군사로서 닥칠 모든 시련들을 잘 견디고, 청년의 정욕을 피하고 믿음과 의로움 가운데 생활할 것을 권면하고 있습니다.

## 나누고 실천하기

1. 예루살렘에서 체포되어 로마에 가서도 복음을 전했던 바울에게 베스도는 '너의 많은 학문이 너를 미치게 했다'고 했습니다. 혹시 나는 복음으로 인해 믿지 않는 사람들에게 핍박을 받거나 비난을 받은 적이 있나요? 있다면 함께 나눠봅시다.
   **가이드** | 기독교에 대한 부정적인 시각이 더욱 깊어진 요즘 시대에 복음을 전하는 것은 쉬운 일이 아닌 것 같습니다. 아이들은 복음으로 인해 핍박을 받은 경험이 있는지 나눠보시고 예수님으로 인하여 받는 비난을 두려워하지 말고 온전히 주님 앞에 더욱 바로 서서 담대히, 지혜롭게 복음을 전할 수 있도록 격려해주시고 함께 기도해주세요.

2. 아직 예수님을 믿지 않는 친구들에게 어떻게 하면 효과적으로 복음을 전할 수 있을지 서로 나눠보고 직접 실천해봅시다.
   **가이드** | 여러 가지 방법이 있겠지만 복음에 관련된 영상을 찾아 보여주는 방법도 있고 요즘 젊은 아이들의 언어에 맞게 노래를 만들고 부르는 CCM 가수들의 음악을 들려주어도 좋을 것 같습니다. 선생님께서 미리 자료를 찾아보시고 소개해주세요.
   (예: CCM 그룹 'CPR', 애니메이션 '너는 특별하단다' 등)

**한줄 정리하기** • 한 과를 마치고 난 소감을 한줄로 기록해봅시다.

Lesson 12 | 우리의 사명과 예수님의 재림

# 12. 아멘, 주 예수여 오시옵소서

[공과 목표]
1. 예수님이 주신 사명과 재림에 대해 바르게 알도록 한다.
2. 바울의 옥중서신에 대해 가르친다.

## 마음열기

**[질문] 누군가를 기다릴 때, 내 마음은 어떤가요?**

**설명** | 기다림의 감정은 아직 오지 않거나 보지 못한 것을 기다리는 것이기 때문에 지루하거나 궁금할 수도 있지만 무엇이 도래할 것이라는 기대감과 설렘 때문에 기분 좋은 감정이 될 수도 있습니다. 우리 친구들은 약속장소에서 누군가를 기다릴 때 어떤 마음으로 기다리는지 물어봐 주세요. 친구들에 따라 참 다양하고 재미있는 의견이 나올 것이니 재미있고 즐거운 나눔을 이어가 주시면 좋겠습니다. 그렇다면 다시 오실 예수님을 기다리는 우리의 마음은 어떠한가요? 보고싶은 예수님을 만난다는 기쁨에 기쁨으로 기다리고 있나요? 혹은 아직 하고 싶은 것도, 해야 할 것도 많아서 예수님이 늦게 오시기를 바라고 있지는 않나요? 아니면 예수님이 오시는 게 두렵지는 않은가요? 친구들과 기다림에 대해 나눈 후에 예수님을 기다리는 우리의 마음을 돌아보는 시간을 가져보시고 오늘 말씀을 배우며 우리 친구들이 마라나타의 신앙을 가지며 살아가게 되기를 소망합니다.

## 말씀 살피기

아래 말씀은 부활하신 예수님께서 제자들에게 하신 말씀입니다. 잘 읽어보고 질문에 답을 해봅시다.

[마 28:16-20]

16열한 제자가 갈릴리에 가서 예수께서 지시하신 산에 이르러 17예수를 뵈옵고 경배하나 아
직도 의심하는 사람들이 있더라 18예수께서 나아와 말씀하여 이르시되 하늘과 땅의 모든
권세를 내게 주셨으니 19그러므로 너희는 가서 모든 민족을 제자로 삼아 아버지와 아들과
성령의 이름으로 세례를 베풀고 20내가 너희에게 분부한 모든 것을 가르쳐 지키게 하라 볼
지어다 내가 세상 끝날까지 너희와 항상 함께 있으리라 하시니라

[행 1:8]

오직 성령이 너희에게 임하시면 너희가 권능을 받고 예루살렘과 온 유대와 사마리아와 땅 끝까지 이르러 내 증인이 되리라 하시니라

**1. 예수님은 제자들에게 어떤 사명을 주셨습니까? 세 가지로 구분하여 적어봅시다.**

정답) 첫째, 모든 민족으로 제자를 삼고
둘째, 성령의 이름으로 세례를 베풀고
셋째, 분부한 모든 것을 가르쳐 지키게 하라.

**2. 예수님은 제자들에게 당신의 증인이 되기 위해 전제되어야 할 것이 무엇이라고 말씀하셨습니까?** (행 1:8)

정답) 성령님이 임하셔야 온전한 복음의 증인이 된다.

아래 성경 말씀을 깊이 묵상하며 질문에 답을 해봅시다.

[계 22:12-13] [12]보라 내가 속히 오리니 내가 줄 상이 내게 있어 각 사람에게 그가 행한 대
로 갚아 주리라 [13]나는 알파와 오메가요 처음과 마지막이요 시작과 마침이라

[계 20-21] [20]이것들을 증언하신 이가 이르시되 내가 진실로 속히 오리라 하시거늘 아멘
주 예수여 오시옵소서 [21]주 예수의 은혜가 모든 자들에게 있을지어다

[마 16:27] [27]인자가 아버지의 영광으로 그 천사들과 함께 오리니 그 때에 각 사람이 행한
대로 갚으리라

[살전 4:16-17] [16]주께서 호령과 천사장의 소리와 하나님의 나팔 소리로 친히 하늘로부터
강림하시리니 그리스도 안에서 죽은 자들이 먼저 일어나고 [17]그 후에 우리 살아 남은 자들
도 그들과 함께 구름 속으로 끌어 올려 공중에서 주를 영접하게 하시리니 그리하여 우리
가 항상 주와 함께 있으리라

[벧후 3:10] 그러나 주의 날이 도둑같이 오리니 그날에는 하늘이 큰 소리로 떠나가고 물질이 뜨거운 불에 풀어지고 땅과 그중에 있는 모든 일이 드러나리로다

**1. 예수님은 마지막 날에 심판의 주님으로 다시 오십니다. 주님은 어떻게 오실 것이라 말씀하고 계십니까?** (계 22:12, 20)
정답) 속히 오신다

**2. 예수님께서 다시 오시면 우리는 어떤 삶을 살게 됩니까?** (살전 4:16~17)
정답) 항상 주님과 함께 살게 된다 (17절).

**3. 벧후 3장 10절 말씀을 비추어 주님이 오시기까지 우리는 어떻게 신앙생활을 해야 할지 서로 이야기를 나누어봅시다.**

[어떻게 가르칠까?]

우리는 어떤 믿음을 가지고 살아야 할까요? 바로 마라나타 신앙입니다. 예수님은 분명 다시 오십니다. 예수님의 복음은 크게 다섯 가지로 나누어 볼 수 있습니다. 그것은 예수님의 탄생과 십자가 사건, 부활과 승천, 재림입니다.

그런데 이중에 아직 성취되지 않은 사건이 마지막 예수님의 재림인데, 시한부 종말론으로 인해 재림만 이야기해도 색안경을 끼고 보는 시대가 안타깝습니다.

하지만, 분명 세상의 종말은 반드시 오며 그 세상의 심판의 주로 예수님께서 다시 오십니다. 그래서 우리의 신앙은 주님의 재림을 사모하는 신앙을 가져야 합니다. 벧후 3장 10절 말씀은 그날이 도둑같이 온다고 기록하고 있습니다.

도둑은 미리 예고하고 오지 않고 아무도 눈치채지 못하게 몰래 들어옵니다. 마찬가지로 주님이 오시는 그 때와 그 시는 아무도 모른다고 성경은 기록하고 있습니다.

아무리 주님 오실 그 때와 그 시가 임박했다 해도, 자기 본문을 망각해서는 안되며 더 충실한 삶을 살아야 하고, 또한 열심히 신앙생활하며 기다려야 함을 알려주고 있습니다. 이 사실을 학생들이 잘 이해할 수 있도록 알려주세요. 참 신앙은 예수님의 재림을 사모하는 신앙임을 알려주시고, 특별히 이와 관련된 그릇된 시한부 종말론에 대해 살짝 언급해주시면 좋을 것 같습니다.

## 티칭 포인트 | 예수님의 재림

예수님은 분명 다시 오신다 말씀하셨습니다. 또한 속히 오리라 하셨습니다. 예수님께서 다시 오신다는 재림은 곧 심판의 주님으로 오심을 의미합니다. 재림에 해당하는 말은 헬라어 '파루시아'라는 단어로 '출현', '나타남', '임하심(강림하심)', '도래'라는 의미로 해석될 수 있습니다(마 24:3, 27;약 5:7).

재림에 대한 메시지는 신약성경에서 300회 이상 나와 있고 예수님께서 십자가에 달리시기 전날 밤 제자들에게 친히 당신이 다시 오실 것을 말씀하셨으며(마 25:31; 요 14:3), 예수님께서 승천하실 때 두 천사들이 재림에 대해 그 구체적인 방법까지 언급하였습니다(행 1:10-11).

예수님의 재림은 모든 인류의 구속 사역의 정점이요, 완성입니다.

예수님의 재림으로 교회는 비로소 완전해질 것이며, 신앙 공동체는 영원한 하나님의 나라로 인도되고, 또한 세상 모든 만물은 하나님 안에서 새롭게 되며 하나로 통일될 것입니다(롬 8:19-23;고전 15:23-28;엡 1:14).

문제는 예수님께서 언제 오시겠냐 하는 것입니다. 예수님께서 직접 약속하시고 승천하셨기 때문에 초대교회 때부터 예수님의 재림은 상당한 관심사였습니다.

사도행전과 여러 서신서들을 보면 교회는 그리스도께서 다시 오시겠다는 약속이 곧 성취된다는 임박한 재림 사상을 갖고 고대하고 있었던 흔적들을 발견하게 됩니다.

하지만 예수님께서는 열 처녀 비유(마 25:1-13)와 열 므나 비유(눅 19:12-27), 그리고 지키는 종의 비유(눅 12:35-40)를 통해 재림을 언급하기는 하셨으나 다시 오시는 그 날에 대해서는 오직 하나님만이 아신다고 가르치셨습니다(마 24:36).

그래서 임박한 재림을 말하거나, 정확한 날짜까지 계산하여 말하고 있는 일부 시한부 종말론자는 성경이 말한 사상이 결코 될 수 없음을 아이들에게 알려주시기 바랍니다.

예수님의 재림은 우리가 생각지 않은 때에(마 24:44) 홀연히(막 13:36), 번개의 번쩍임같이(마 24:27), 밤에 도적같이 임할 것(살전 5:2;벧후 3:10;계 16:15)이라고 말씀하고 있습니다. 또한 모든 눈이 그분을 보게 될 것이며(계 1:7), 특히 죄와 상관없이 자기를 바라는 자들에게 나타나실 것이라 기록하고 있습니다(롬 6:9-10;히 9:28;10:14).

재림의 첫 번째 이유는, 주께서 택하신 백성을 모아 영접하시고, 구속을 완성하시며 믿는 자에게는 상 주시고 영화롭게 하시기 위해서 입니다. 또한 어두움에 감추인 것들을 드러내고(고전 4:5), 타락한 천사와 세상과 사망을 심판하시고 멸하시기 위해서 입니다(고전 15:25-26). 그래서 우리는 주님의 재림을 사모하며 믿음으로 기다리는 신앙인이 되어야겠습니다.

[알고 넘어가기] 옥중서신에 대하여

1. 다음 중 바울이 기록한 옥중서신 네 편을 적어봅시다.
에(베소서), 빌(립보서), 골로(새서) , 빌(레몬서)

2. 아래 옥중서신과 연관된 내용을 살펴보고 맞는 것을 선으로 그어봅시다.

| | |
|---|---|
| 에베소서 | 하나님의 전신갑주를 취하라(엡6:10~20) |
| 빌립보서 | 바울이 주인에게 도망쳐 나온 오네시모의 죄를 용서해달라고 부탁함. |
| 골로새서 | 골로새에 있는 교인들을 위해 기록 |
| 빌레몬서 | 점치는 여종을 고쳐준 곳 |

**티칭 포인트 | 옥중서신들**

바울은 A.D.61년 봄, 로마에 도착하여 감금된 후 63년까지 에베소서, 빌립보서, 골로새서, 빌레몬서 등 4편의 서신서를 썼는데 일반적으로 이를 옥중서신이라 부릅니다. 에베소, 골로새서, 빌레몬서는 에바브라가 골로새 교회의 소식을 갖고 왔던 62년경에 쓰여졌을 것이며 빌립보서는 그후 옥중생활의 말기에 기록하였습니다.

바울은 64년 로마 대화재사건이 있기 전에 잠시 석방되었다가 다시 투옥되어 목회서신을 기록한 후 67-68년경에 로마 옥중에서 순교한 것으로 전해집니다.

[에베소서]
에베소서는 에베소에 있는 그리스도인들을 위해 기록되었습니다.
기록 목적은 당시 에베소 교회를 포함하여 아시아 교회들이 이방인과 유대인들이 섞여 있었기에 늘 분열의 위험이 있었습니다.
그래서 하나님께서 감추셨던 비밀, 곧 그리스도 안에서 이방인과 유대인들이 하나되어 한 몸(교회)을 이루는 것을 가르쳐 주고 싶었기 때문에 이 서신을 기록했습니다.

[빌립보서]
A.D.60-62년경, 로마에서 1차로 수감되었다가 연금 생활 말기에 썼을 것으로 추정되고(빌 2:23-24) 기록 장소는 사도행전에 의하면 바울은 빌립보(16:23), 예루살렘(21:33), 가이사랴(23:35), 그리고 로마(28:16)의 감옥에 투옥된 적이 있었기에 본서의 기록 장소는 분명치 않습니다. 그러나 대부분의 학자들은 전통적으로 로마 기록설을 따르고 있습니다.
빌립소서는 빌립보에 있는 그리스도인들을 대상으로 기록되었고, 자신에게 헌금을 보내준 것에 감사의 뜻을 전하고 자신이 투옥된 것이 결코 복음의 퇴보를 가져오는 것이 아님을 알려 빌립보 교인들의 염려를 없애려 했습니다. 또한 빌립보 교회 분열에서 한 마음으로 연합할 것을 권면하였습니다.

[골로새서]
바울이 로마에서 죄수로 갇혀 지내던 1차 투옥 기간에 기록되었습니다(A.D.62년경으로 추정). 기록장소는 로마감옥이고 기록대상은 골로새에 있는 성도들을 위해 기록되었습니다. 골로새서는 골로새교회에 들어온 이단을 반박하기 위해 기록되었습니다.

[빌레몬서]
골로새서, 빌레몬서, 에베소서는 두기고와 오네시모가 각 교회로 다니면서 전달한 바울의 편지들입니다(참조 골 4:7-9, 몬 1:10-12, 엡 6:21-22 등).

이 편지를 쓸 당시 바울은 죄수 신분이었습니다(골 1:24, 몬1:1, 9, 23).

비록 바울은 죄수였지만, 어느정도 자유롭게 복음을 전할수 있었습니다(골 4:3-4). 본서는 바울이 첫 번째 감금 생활을 하던 A.D.60-62년경에 쓰여졌다고 추정됩니다. 기록 목적은 당시 빌레몬은 골로새 교회의 중요 인물이었는데 그에게는 오네시모라는 종이 있었습니다. 그런데 오네시모는 주인을 곤란하게 만들고 도망쳐 나왔습니다.

오네시모는 주인집을 도망하여 로마까지 갔는데 그곳에서 바울을 만나 전도받고 신자로 변화되었습니다. 당시 로마의 노예법은 가혹했는데 오네시모는 주인에게 도주하였을 뿐만 아니라, 주인의 재물까지 가지고 갔었기 때문에 그의 죄는 엄청난 것이었습니다.

그래서 바울은 주인인 빌레몬에게 상전과 노예의 관계를 초월하여 그리스도 안에서 형제로서 종 오네시모를 용서하고 환영해달라고 편지를 통해 요청합니다. 그 내용이 담긴 글이 바로 빌레몬서입니다.

## 나누고 실천하기

1. 나는 어떤 모습으로 다시 오실 예수님을 만나고 싶나요? 함께 나눠봅시다.

   **가이드** | 예수님께서 언제 오실지는 알 수 없지만 예수님은 반드시 다시 오십니다. 다시 오실 예수님 앞에 우리의 모습은 어떨지 생각해보면서 주님 앞에 섰을 때, 주님께 칭찬받는 우리가 되도록 함께 격려하는 시간을 가져봅시다.

2. 그동안 구약과 신약여행을 함께한 서로를 축복하고 격려하는 시간을 가져보고 공과를 마치는 소감을 나누는 시간을 가져봅시다.

   **가이드** | 구약과 신약이라는 긴 여정에 함께한 친구들과 말씀으로 양육하느라 수고한 선생님 모두를 축복합니다! 수고 많으셨습니다.

**한줄 정리하기** · 한 과를 마치고 난 소감을 한줄로 기록해봅시다.

## 구약 연대표

| 연대 | 시대 | 사건들 | 관련성경 |
|---|---|---|---|
| 오래전 | 창조시대 | 천지창조, 아담과 하와 창조, 홍수심판 | 창세기 |
| B.C 2000 | 족장시대<br>아브라함<br>이삭<br>야곱 | 아브라함 부르심, 유대 민족의 조상 세우심.<br>요셉이 애굽의 종으로 팔려감.<br>이후 요셉의 후손들은 애굽의 노예생활함. | 욥기 |
| B.C 1700 | 애굽생활 | 지도자 모세를 세우심 | |
| B.C 1400 | 출애굽 | 10가지 재앙, 모세를 지도자로 출애굽<br>홍해 건너 광야생활, 십계명,<br>금송아지 사건, 성막, 원약궤 | 출애굽기<br>레위기<br>민수기<br>신명기 |
| B.C 1300 | 사사시대 | 여호수아가 지도자로 가나안 입성.<br>12명의 사사 등장 | 여호수아<br>사사기<br>룻기<br>사무엘상<br>사무엘하 |
| B.C 1020 | 통일왕국시대<br><br>사울<br>다윗<br>솔로몬 | 1대 사울, 2대 다윗, 2대 솔로몬 왕을 세우심.<br>최후의 사사, 최초의 선지자 사무엘 등장.<br>사울이 다윗살해하려 함. 다윗의 두아들이<br>다윗에 반역하여 왕위 찬탈하려함.<br>밧세바 사건, 솔로몬 출생, 예루살렘 성전 건축 | 열왕기상<br>열왕기하<br>역대상<br>역대하 |
| B.C 900 | 분열왕국 | 솔로몬이 죽은 후 북 이스라엘(10지파)와<br>남유다(2지파)로 분열됨 | 이사야<br>예레미야<br>예레미야애가<br>호세아<br>요엘<br>아모스<br>오바댜<br>요나<br>미가<br>나훔<br>하박국<br>스바냐<br>시편<br>잠언<br>전도서<br>아가서 |
| B.C 850 | | 엘리야 선지자가 이스라엘 이끔,<br>제자 엘리야가 계승 | |
| B.C 800 | | 이사야, 요엘 선지자가 남유다위해<br>호세아 아모스선지자는 북이스라엘 위해 예언<br>미가선지자는 남북왕국위해, 요나, 나훔 선지자<br>는 니느웨 위해, 오바댜는 에돔을 향해 예언 | |
| B.C 722 | 북이스라엘 멸망 | 페르시아에 의해 멸망 | |
| B.C 586 | 남유다멸망 | 유대인들 바벨론에 포로로 끌려감.<br>예레미야, 에스겔, 다니엘 선지자 활동 | |
| | 바벨론유수 | | 에스겔<br>다니엘<br>학개<br>스가랴<br>말라기 |
| B.C 500 | 예루살렘 귀환 | 에스라 인도로 1차 포로귀환, 성전재건 시작<br>성전재건완성, 고레스왕 페르시아통치, 에스라,<br>느헤미야가 이스라엘 지도, 학개, 스가랴선지자<br>활동 | 에스라<br>느헤미야<br>에스더 |

## 신약 연대표

| 연대 | 시대 | 사건들 | 관련성경 |
|---|---|---|---|
| B.C 400 | 신구약<br>중간기 | 히브리어로된 구약성경을 헬라어로 옮긴<br>70인역 성경 번역 | |
| A.D 1~3 | 복음시대 | 성경의 예언대로 메시야로 예수님 탄생하심 | 마태복음<br>마가복음<br>누가복음<br>요한복음 |
| A.D 30 | | 예수님께서 십자가에 죽으심, 사흘만에 부활,<br>승천하심, 오순절 성령임재사건 | |
| A.D 50 | 사도시대<br><br>교회시대 | 백부장 고넬료 회개, 예수님들에게 그리스도인<br>이라는 이름 붙여짐, 야고보의 순교 | 사도행전 |
| A.D 60 | | 바울과 사도들이 초대교회 서신 보냄. | [바울서신]<br>데살로니가전서<br>데살로니가후서<br>고린도전서<br>고린도후서<br>로마서<br>골로새서<br>갈라디아서<br>빌레몬서<br>빌립보서<br>디도서<br>디모데전서<br>에베소서<br>디모데후서<br><br>[일반서신]<br>야고보서<br>베드로전서<br>베드로후서<br>히브리서<br>유다서<br>요한1 2 3서 |
| A.D 65 | | 복음서와 사도행전 기록 | |
| A.D 70 | | 유대민족이 로마에 거함. 로마군의 예루살렘성<br>함락. 성전파괴, 유대인들 전세계로 흩어짐. | |
| A.D 85 | | 요한복음 기록 | |
| A.D 90 | | 초대교회에서 바울의 편지를 돌려보기 시작함.<br>사도요한 밧모섬 유배 | |
| A.D 100 | | 사복음서가 하나로 묶여 그리스도인들 사이에<br>통용됨 | |
| A.D 120 | | 바울서신 13편 하나로 묶여 통용됨. | |
| A.D 400 | | 27권의 신약성경 권위있는 정경으로 인정됨. | 요한계시록 |

## "청소년 바로세우기 시리즈 커리큘럼"

| | |
|---|---|
| 1년차 신앙입문 | Teen G3 0단계 1~4권 [총 4권, 48주 1년 과정]<br>1권 믿음생활 시작하기 Start! (믿음의 기초 이해하기)<br>2권 복음의 기초 다지기 Start! (죄와 구원)<br>3권 믿음의 습관 길들이기 Start! (다양한 관계 속에서 믿음생활)<br>4권 성경인물 따라하기 Start! (믿음생활을 배우고 삶 속에 적용하는 과정) |
| 2년차 상반기과정 | Teen G3 1, 2단계 [복음+전도] 1권 전도는 부끄러운 일이 아니야 Start!<br>Teen G3 3, 4단계 [양육+리더] 2권 나는 내 교회 리더가 될거야 Start! |
| 2년차 하반기과정 | Teen G3 성경 · 구약1 [천지창조~사사시대]<br>Teen G3 성경 · 구약2 [통일왕조~분열왕조] |
| 3년차 상반기과정 | Teen G3 성경 · 신약1 [복음시대]<br>Teen G3 성경 · 신약2 [사도시대] |

Teen G3 0단계 1권 믿음생활 시작하기

| 단계 | 제목(주제말씀) | 배울내용 | 스토리텔링 | 핵심성경구절 |
|---|---|---|---|---|
| 0단계 1권 | 1. 내가 살아가는 이유? (창1:26~28) | 삶의 목적 | 베드로를 부르시는 예수님 | 고전10:31, 사43:7 |
| | 2. 교회는 왜 다녀야 하나요? (마16:16~18) | 교회 | 베드로의 신앙고백 | 요4:24, 시50:23 |
| | 3. 성경은 어떤 책인가요? (딤3:16~17) | 성경 | 내 양을 먹이라 | 눅24:27, 고후13:3 |
| | 4. 예배는 왜 드려야 하나요? (요4:24) | 예배1 | 아브라함의 순종 | 시57:17, 요4:24, 시50:23 |
| | 5. 예배는 어떻게 드려야 하나요? (롬12:1) | 예배2 | 나아만장군 이야기 | 롬12:1, 신4:15~19 |
| | 6.안식일이 왜 주일이 되었나요? (눅24:1~3) | 주일의미 | 다니엘의 믿음 | 요20:19, 신5:13~14, 호6:6 |
| | 7.주일은하나님께구별하여드리는날이에요(창2:3) | 주일성수 | 엘리야의 기적 | 창2:3, 사58:13 |
| | 8. 하나님은 어떤 분이신가요? (요일4:8) | 하나님 | 말라기 선지자이야기 | 창6:6~7, 출3:14, 시90:2 |
| | 9. 예수님은 누구신가요? (빌2:6~8) | 예수님 | 앉은뱅이를 일으킨 능력 | 요1:1, 요20:31, 눅5:32 |
| | 10. 성령님은 누구신가요? (행1:8) | 성령님1 | 오순절 성령강림사건 | 행1:8, 고전12:11, 요3:5~8 |
| | 11. 성령님은 어떤 일을 하시나요? (요14:26) | 성령님2 | 바울의 동역자들 | 롬8:11, 요16:13, 요3:5 |
| | 12. 우리가 죄인인가요? (요일3:4) | 죄 | 눈물로 회개한 다윗왕 | 신8:1, 신29:9, 롬14:23 |

Teen G3 0단계 2권 복음의 기초 다지기

| 단계 | 제목(주제말씀) | 배울내용 | 스토리텔링 | 핵심성경구절 |
|---|---|---|---|---|
| 0단계 2권 | 1. 내가 할 수 없는 것 (롬3:23~24) | 인간 | 부활하신 예수님 | 잠27:1, 전3:11, 요14:6 |
| | 2. 원죄란 무엇인가요? (창2:16~17) | 죄문제1 | 요나 이야기 | 롬5:19, 약4:17, 창3:5~6 |
| | 3.아담의 죄가 왜 우리의 죄가 되었나요? (롬5:12) | 죄문제2 | 노아의 홍수 | 행17:26, 롬5:18~19, 창3:17 |
| | 4. 죄로인해 우리는 어떻게 변질되었나요? (롬 | 죄문세3 | 구원받은 삭개오 | 롬1:21~23, 히9:27, 롬6:23 |
| | 5. 예수님, 회개합니다 (행2:37~38) | 회개 | 위로의 아들 바나바 | 롬5:12, 사1:18, 행2:37 |
| | 6.예수님을 소개합니다 (마16:16) | 예수님1 | 예수님의 탄생 이야기 | 마16:16, 마1:16, 요20:31 |
| | 7.예수님은왜이땅에오셨나요?(요3:16) | 예수님2 | 베드로의 신앙고백 | 눅5:32, 마20:28, 롬10:19 |
| | 8. 예수님의 핵심 다섯가지 (빌2:5~11) | 예수님3 | 제자들의발을씻겨주신예수님 | 마1:23, 롬3:25~26 행1:8~9 |
| | 9. 예수님의 능력 (요11:25~26) | 예수님4 | 요한과 야고보 이야기 | 눅8:24, 요11:25~26 |
| | 10. 구원받는 방법 (롬10:9~10) | 구원 | 부자와 나사로 이야기 | 히10:25, 히4:12, 마7:7~8 |
| | 11. 예수 믿게된 것은 대박이다 (행2:42~47) | 거듭남 | 백부장의 믿음 | 요1:12~13, 고후5:17 |
| | 12. 교회에서 신앙생활하는 방법(엡1:22~23) | 신앙생활 | 바울과 바나바 이야기 | 엡5:29~30, 엡1:23, 행2:42~47 |

## Teen G3 0단계 3권 믿음의 습관 길들이기

| 단계 | 제목(주제말씀) | 배울내용 | 스토리텔링 | 핵심성경구절 |
|---|---|---|---|---|
| 0단계 3권 | 1. 믿음은 행동이야~ (마5:13~16) | 믿음이란 | 바울의 믿음 | 히11:1~2, 롬10:17, 약2:26 |
| | 2. 말씀읽기부터 시작하자 (요20:30~31) | 말씀읽는습관 | 사단의 세가지 시험 | 신17:19, 계1:3, 시1:2~3 |
| | 3. 밥먹을때만 기도하지마 (약1:6~7) | 기도하는습관 | 한나의 기도 | 요일5:14, 시66:18~20<br>눅18:11~13 |
| | 4. 전도는 즐거운 일이야~ (마28:18~20) | 전도하는습관 | 사울의 회심 | 딤전2:4, 눅15:7,<br>마28:18~20, 행1:8 |
| | 5. 입술에 파수꾼을 세우라 (약3:2) | 바른언어사용<br>습관 | 솔로몬의 지혜 | 약3:5~12, 마15:11, 잠18:21 |
| | 6. 말씀따라 행동하자 (골3:23~24) | 말씀따라 행동<br>하는 습관 | 선한 사마리아인 | 신28:1~6, 골3:23~24,<br>빌2:3~4, 벧전4:10 |
| | 7. 하나님의영광을위해하라 (고전10:31) | 하나님 목적위<br>해 사는 습관 | 스데반의 순교 | 잠9:10, 고전10:31,<br>잠3:1~4 |
| | 8. 상대적 빈곤감을 극복하라 (벧전3:3~4) | 비교의식<br>버리는 습관 | 예수님의 산상설교 | 삼상16:7, 전1:2~3,<br>눅18:24~27 |
| | 9. 우리는 제품이 아니라 작품이다 (창2:7) | 자존감회복하기 | 점치는 여종을 고쳐준 바울 | 창1:27~28, 사41:10, 시121:1 |
| | 10. 현대의 영적 드라빔, 스마트폰 (창35:1~5) | 스마트폰<br>길들이기1 | 놋뱀을 바라본 자들 | 창35:1~5, 창31:19 |
| | 11. 스마트폰 중독현상을 극복하라 (엡4:22~24) | 스마트폰<br>길들이기2 | 발람 선지자 이야기 | 엡4:22~24, 약4:7<br>고전6:9~10 |
| | 12. 이단을 경계하라 (갈1:7) | 이단 바로 알<br>고 경계하기 | 루스드라에서의 전도 | 딛3:10, 갈1:7 |

## Teen G3 0단계 4권 성경인물 따라하기

| 단계 | 제목(주제말씀) | 배울내용 | 그것이 알고싶다 |
|---|---|---|---|
| 0단계 4권 | 1. 가인과 아벨의 제사 vs 아나니아와 삽비라 심판(창4:1~10, 행5:1~11) | 온전한예배, 하나님께 정직함 | 한경직 목사님 이야기1 |
| | 2. 노아의 순종 vs 사도 요한의 인내(창6:1~8, 계 22:18~21) | 순종과 인내 | 한경직 목사님 이야기2 |
| | 3. 욥의 시험 vs 예수님의 시험(욥 1:1, 마 4:1~11) | 시험극복의 지혜 | 한경직 목사님 이야기3 |
| | 4. 아브라함의 믿음 vs 백부장의 믿음(창 12:1~4, 눅 7:1~11) | 하나님께 맡기는 믿음 | 한경직 목사님 이야기4 |
| | 5. 야곱 vs 수로보니게 여인의 믿음(창32:22~28, 마15:21~28) | 포기하지 않는 믿음 | 언더우드 선교사 이야기1 |
| | 6. 요셉의 용서 vs 삭개오의 회개(창 45:1~5, 눅 19:1~10) | 용서와 회개 | 언더우드 선교사 이야기2 |
| | 7. 모세 vs 야고보와 요한의 어머니(출 4:10~17, 마 20:20~28) | 믿음의 리더십 | 언더우드 선교사 이야기3 |
| | 8. 여호수아의 믿음 vs 바울의 믿음(수 1:1~9, 행 13:44~52) | 두려움 버리고 말씀의지하기 | 언더우드 선교사 이야기4 |
| | 9. 라합의 믿음 vs 과부의 두렙돈(수 2:1~11, 눅 21:1~4) | 믿음과 온전한 정성 | 손양원 목사님 이야기1 |
| | 10. 다윗의 회개 vs 음행한 여인의 용서(시 51:1~12, 요 8:1~11) | 회개의 방법 | 손양원 목사님 이야기2 |
| | 11. 엘리야의 믿음 vs 바울과 실라의 믿음(왕상18:36~40, 행16:25~34) | 믿음은 기적을 일으킨다 | 손양원 목사님 이야기3 |
| | 12. 믿음의 좋은 습관에 길들여지자(눅22:39~41) | 믿음의 습관 | 손양원 목사님 이야기4 |

## Teen G3 1, 2단계(복음+전도) 친구야 기쁜소식을 전해줄께

| 단계 | 제목(주제말씀) | 배울내용 | 12제자 살펴보기 | 핵심성경구절 |
|---|---|---|---|---|
| 1 2단계 1권 복음+전도 | 1. 나는 그리스도인인가?(행11:25~26) | 그리스도인 | 사랑의 전달자 안드레 | 마4:17, 롬10:9, 막10:21 |
| | 2. 내게 가장 기쁜소식 (막1:1, 롬1:2) | 복음1 | 관계전도의 대표주자 빌립 | 막1:1, 롬1:2 |
| | 3. 세상에서 가장 큰 능력 (롬1:16~17) | 복음2 | 편견을 벗어버린 나다나엘 | 롬1:14~15, 행20:24 |
| | 4. 드러난 비밀? (롬16:25~26) | 복음3 | 복음을 글로 기록한 마태 | 갈1:11~12, 막2:13~17 |
| | 5. 참된 복음과 거짓 복음(막16:15~16) | 복음4 | 과격한 혁명가였던 시몬 | 고전9:14~17, 갈1:7~8 |
| | 6. 바리새인과 세리의 기도 (눅18:10~14) | 복음과 율법과<br>의 관계 | 작지만 작지않은 제자 야고 | 갈3:23~27, 눅18:10~14 |
| | 7. 복음을 전하는 것이 전도다!(요4:28~30) | 전도1 | 사랑스러운 제자 다대오 | 골1:23~25, 요14:22~23 |
| | 8. 세상에서 가장 중요한 일 (요21:15~18) | 전도2 | 예수님을배반한제자가룟유 | 행1:8, 마28:18~20 |
| | 9. 내 친구를 교회로 데려오자 (요1:45~46) | 전도3 | 예수님의 수제자 베드로 | 요3:16, 눅19:10 |
| | 10. 전도자 빌립의 전도 (행8:26~40) | 전도4 | 첫번째 순교의 열매 야고보 | 막16:17~18, 막10:35~38 |
| | 11. 전도하는 것은 부끄러운 일이 아니야! (롬1:16) | 전도5 | 사랑의 메신저로 변화된 요한 | 골4:3, 롬1:16, 요4:39<br>막5:19 |
| | 12. 친구야, 기쁜소식을 전하고 싶어 (롬10:9~10) | 전도6 | 의심 많았던 제자 도마 | 롬10:9~10, 요20:27~29 |

### 리더과정 2권 (양육+리더) 난 내교회 리더가 될꺼야

| 단계 | 제목(주제말씀) | 배울내용 | 리더의 조건 |
|---|---|---|---|
| 3<br>4단계<br>양육+리더 | 1. 믿음으로 자라자 (엡4:14~15) | 양육 | 리더 리더십이란 무엇인가? |
| | 2. 섬기는 자가되라 (요13:4~15) | 섬김 | 예수님처럼 선한 목자가 되라 |
| | 3. 교회는 합력하는 공동체다(행18:1~5) | 합력 | 그럼에도 불구하고 사랑하라 |
| | 4. 예수님을 본받으라~ (마28:18~20) | 본받기 | 변화받은 예수님의 제자의 삶 살펴보기 |
| | 5. 내 교회를 사랑하자 (마16:13~18) | 교회사랑1 | 초대교회 생활 살펴보기 |
| | 6. 우리 교회 학생회를 사랑하자(마16:18) | 교회사랑2 | 우리 교회 학생회 살펴보기 |
| | 7. 끊임없이 용서하라(몬1:1~25) | 용서1 | 시험을 극복하라(예수님의 세가지 시험살펴보기) |
| | 8. 요셉처럼 용서하라 (창45:1~8) | 용서2 | 나를 부인하고 예수님을 따르라 |
| | 9. 여호수아처럼 순종의 사람이되라(수1:1~9) | 순종 | 새롭게 바뀌어야 한다 |
| | 10. 히스기야 기도를 배우라 (왕하20:1~6) | 기도 | 예수님의 좋은 일꾼이 되라 |
| | 11. 하나님이 주신 은사대로 일하라(행6:1~4) | 은사 | 빛과 소금의 역할을 감당하라 |
| | 12. 적극적인 소명을 가지라(수14:6~14) | 소명 | 하나님의 선한 청지기가 되라 |

### 성경・구약1 (천지창조~사사시대) 구약과 씨름하기1

| 단계 | 제목(주제말씀) | 배울내용 | 배울 내용 |
|---|---|---|---|
| 구약1 | 1. 하나님은 정말 계신가요? | 준비운동1 | 하나님의 계시된 말씀, 성경 |
| | 2. 성경은 우리에게 어떤 유익을 주나? | 준비운동2 | 성경이 주는 유익, 성경의 핵심사항 |
| | 3. 성경 구성 파악하기 | 성경숲보기1 | 성경의 구성을 주제별로 분류 |
| | 4. 시대순으로 성경 살펴보기 | 성경숲보기2 | 성경을 시대순으로 이해하기 |
| | 5. 창세기의 핵심 파악하기 | 구약1 | 천지창조순서와과정이해,4가지사건과4명의중요인물이해 |
| | 6. 인간의타락과심판 | 구약2 | 인간의 죄와 하나님의 심판 이해하기 |
| | 7. 믿음의조상아브라함,순종의아들이삭 | 구약3 | 아브라함과 이삭의 성품 이해하기 |
| | 8. 고난을 이겨낸 승리의 사람, 야곱과 요셉 | 구약4 | 야곱과 요셉의 고난과정을 알고 성품 이해하기 |
| | 9. 출애굽의 리더, 모세 | 구약5 | 모세를 알고 출애굽사건 이해하기 |
| | 10. 광야생활과 십계명 | 구약6 | 출애굽과정, 십계명 내용 이해하기 |
| | 11. 여호수아처럼 뛰어라 | 구약7 | 여호수아를 알고 가나안 정복과정 이해하기 |
| | 12. 12명의 사사와 룻기서 | 구약8 | 주요사사들 알고 이해하기 |

### 성경・구약2 (통일왕국시대~포로・귀환시대) 구약과 씨름하기2

| 단계 | 제목(주제말씀) | 배울내용 | 배울 내용 |
|---|---|---|---|
| 구약2 | 1. 킹메이커, '사무엘' | 구약9 | 사사시대와 왕정시대 다리역할을 했던 사무엘 |
| | 2. 하나님보다 왕이 더 필용해? | 구약10 | 이스라엘 초대왕 사울왕에 대해 |
| | 3. 제사보다 순종이 낫다 | 구약11 | 사울왕의 불순종과 타락의 원인 이해하기 |
| | 4. 물맷돌 하나로, 싸움의 전설 | 구약12 | 다윗왕의 기름부음과 골리앗과 싸움에서 승리 |
| | 5. 간절히 회개한 다윗 | 구약13 | 범죄한다윗의간절한회개로용서받은사건을이해하기 |
| | 6. 하나님께 드린 통큰 제사 '일천번제' | 구약14 | 솔로몬의 일천번제와 기도응답 받은 사건 이해하기 |
| | 7. 찬란하고화려하도다 | 구약15 | 솔로몬시대의 화려한 시대상, 성전건축 이해 |
| | 8. 남유다, 북이스라엘로 나뉘다 | 구약16 | 이스라엘 분열의 원인 이해하기 |
| | 9. 총체적 교만과 불순종의 시대 | 구약17 | 분열왕국의 간략한 역사 이해하기 |
| | 10. 그래도, 하나님은 살아 역사하신다 | 구약18 | 분열왕국의 대선지자 엘리야와 엘리사 알기 |
| | 11. 멸망의 결정적 원인, 불순종 | 구약19 | 포로시대 전반적으로 이해하기 |
| | 12. 다시 희망을 품고 돌아오다 | 구약20 | 귀환시대 전반적으로 이해하기 |

성경 · 신약 (복음시대) 신약과 씨름하기1

| 단계 | 제목(주제말씀) | 배울내용 | 배울 내용 |
|---|---|---|---|
| 신약1 | 1. 구약의 예언대로 오신 메시야 | 신약1 | 신약의 시작 - 메시야 오심 |
| | 2. 한 예수님을 바라본 4명의 저자들 | 신약2 | 복음서 이해하기 |
| | 3. 예수님의 사역들 | 신약3 | 예수님의 생애 |
| | 4. 마태복음과 마가복음 | 신약4 | 복음서 살피기1 |
| | 5. 누가복음과 요한복음 | 신약5 | 복음서 살피기2 |
| | 6. 예수님 탄생과 유년시절 | 신약6 | 공생애 이전의 예수님1 |
| | 7. 세례 받음과 세가지 사단의 시험 | 신약7 | 공생애 이전의 예수님2 |
| | 8. 제자를 택하신 예수님 | 신약8 | 예수님의 공생애 사역1 |
| | 9. 예수님은 이렇게 가르치셨다 | 신약9 | 예수님의 공생애 사역2 |
| | 10. 예수님께서 행하신 놀라운 기적의 사건들 | 신약10 | 예수님의 공생애 사역3 |
| | 11. 날 위해 십자가 지신 예수님 | 신약11 | 예수님의 공생애 사역4 |
| | 12. 승리의 대박 사건, 예수님의 부활 | 신약12 | 예수님의 공생애 사역5 |

성경 · 신약 (사도시대) 신약과 씨름하기2

| 단계 | 제목(주제말씀) | 배울내용 | 배울 내용 |
|---|---|---|---|
| 신약2 | 1. 내 증인이 되리라 | 신약13 | 예수님의 지상명령 |
| | 2. 성령이 임하시다 | 신약14 | 초대교회 성령의 역사 |
| | 3. 금과 은 나 없어도 | 신약15 | 사도들의 사역 : 베드로1 |
| | 4. 사도들의 치유 사건들 | 신약16 | 사도들의 사역 : 베드로2 |
| | 5. 이방인에게도 구원이 | 신약17 | 고넬료와 가족의 구원 받음 사건 |
| | 6. 내 영혼을 받아 주옵소서 | 신약18 | 최초의 순교자 스데반, 야고보 |
| | 7. 나는 죄인의 괴수였노라 | 신약19 | 사울의 회심 |
| | 8. 복음의 확장 | 신약20 | 사도 바울의 1차 전도 여행 |
| | 9. 주 예수를 믿으라 | 신약21 | 사도 바울의 2차 전도 여행 |
| | 10. 내가 달려갈 길과 | 신약22 | 사도 바울의 3차 전도 여행 |
| | 11. 담대하게 거침없이 | 신약23 | 사도 바울의 로마행 |
| | 12. 아멘, 주 예수여 오시옵소서 | 신약24 | 우리의 사명과 예수님의 재림 |

정신일 목사

정신일 목사는 오랫동안 청소년과 청년 사역을 통해 젊은이들과 호흡해 온 목회자이다. 하나님이 주신 아름다운 감성으로 대학시절 집필한 <메시아전쟁> 이라는 단편이 일간스포츠에서 주관한 대중문학상에 입상한 바가 있고, 대학 졸업 후에는 영화 전문잡지 취재기자로, 기독교계통 신문의 칼럼리스트로 활동하기도 했다. 또한 대한 예수교 장로회(대신) 여름성경학교 집필위원으로 3년간 교재를 집필하기도 했다.

현재는 크리스천리더출판사와 크리스천리더학교의 대표이며 기쁨의 교회 (joy1.co.kr)를 개척하여 즐겁게 목회하는 개척교회 목사이기도 하다.

안양대학교 기독교 교육학을 전공하였고, 동 대학원에서 목회학(M. Div.) 성경학(Th.M)을 전공했다.

주요저서: 「여호수아처럼 뛰어라」, 「수험생 100일 큐티」, 「수능큐티」, 「복음큐티」, 「나를 위한 값진 십자가」, 「파워포인트와 그림 시청각설교 시리즈」 등 총 20여종의 저서가 있다.

## [정신일 목사 주요 저서]

여호수아처럼 뛰어라

청소년공동체 바로세우기1

청소년공동체 바로세우기2

청소년공동체 바로세우기3

청소년공동체 바로세우기4

청소년공동체 바로세우기2-1

청소년공동체 바로세우기2-2

그참혹한 십자가

스토리텔링 파워포인트설교1

스토리텔링 파워포인트설교2

파워포인트와 그림시청각설교 시리즈 1~7

수험생 묵상기도

수능큐티

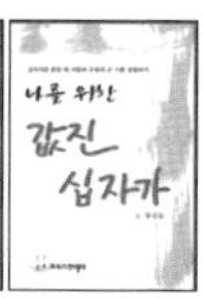

나를 위한 값진십자가

대학청년부예배 대표기도문